좌우의 벽을 뛰어넘은 독립운동가
신익희

좌우의 벽을 뛰어넘은 독립운동가 신익희

| **이강수** 지음 |

글을 시작하며

신익희의 행적은 일반적인 경향으로 설명하기 힘든 부분이 있다. 그는 한학(양명학)과 영어를 공부하고, 청년기에는 정치학과 법학을 공부하였다. 또한 그의 생애는 한말부터 일제강점기, 미군정기, 이승만정권기 등 한국 근현대사를 관통하고 있다. 단순히 그 세월을 지내온 것이 아니라 역사의 고비마다 그는 자신만의 길을 걷고 있었다.

신익희는 한말 한학을 배웠지만 일본으로 유학을 떠났고, 일제강점기에는 임시정부의 기초를 세운 열렬한 민족주의자의 길을 가지만, 때로는 조선청년전위동맹에 참여하며 급진적 좌파의 행로를 걸었다. 임시정부에 참여하면서도 무장독립노선을 지속적으로 모색하였다. 해방 이후에는 미군정을 대상으로 쿠데타를 일으켜 정권 이양운동을 추진하면서도 미군정의 남조선과도입법의원에 참여했다. 이승만과 함께 단정(단독정부)운동에 참여했지만, 정부수립 후 반독재민주화운동가로 살아갔다. 뿐만 아니라 전국적인 조직의 반공연맹을 만들었지만, 반민특위요원 암살 음모사건의 암살대상자로 지목되기도 하고, 국회프락치사건·뉴델리밀회사건 등 공안사건의 직·간접적 당사자로 고초를 겪기도 하였다.

한국 근현대사에서 시기적으로나 사상적으로 신익희처럼 다양한 경계를 넘나든 인물을 찾기란 그리 흔치 않다. 그러므로 신익희의 행적을 살펴보면 한국 근현대사를 보는 또 다른 시각을 이해하는 데 도움이 될 것이다.

우리는 한국 근현대사를 이분법적 대립구도로 이해하려는 경향이 있다. 우파적 민족주의자인가 좌파적 민족주의자인가, 외교독립론자인가 무장독립론자인가, 단정세력인가 통일운동세력인가 등 자신이 만든 어느 한쪽의 틀 속에서 평가하려는 경향이 지배적이다. 신익희의 경우는 김구 노선의 인물인가 이승만 노선의 인물인가 등 몇 가지가 더 추가되어 있다. 하지만 한국 독립운동사와 한국 근현대 정치노선의 역사를 특정 인물의 노선으로 단순화시키는 것은 매우 위험하다. 다양한 스펙트럼이 혼재되어 있기 때문이다. 예를 들어 1948년 5·10선거 전후사를 단정운동과 통일운동이라는 이분법적 구분으로만 볼 경우, 남북협상을 추진한 세력은 민족세력이고, 단정운동을 추진한 세력은 반민족세력으로 해석된다. 그러나 실제 남북협상을 추진하다가 단정수립에 참여한 경우도 있고, 단정수립에 참여하면서도 민주화운동의 길을 걷는 '참여적 개혁세력'도 존재했다. 신익희 역시 한국 근현대사의 일반적인 이분법적 구분으로는 이해할 수 없는 인물이다.

이 글은 기존 연구의 틀에서 벗어나, 신익희의 다양한 역사적 행적을 토대로 그의 독자적인 노선이 무엇인가를 밝히는 데 목적이 있다. 그럴 때만이 신익희의 다양한 행적과 노선을 올바르게 이해하고 평가할 수 있기 때문이다. 이를 위해 신익희에 대한 조동걸·한시준·장석흥·김용달·유치송·신창현 등 기존 연구를 토대로 신익희의 정치적 노선을 해석하는 데 중점을 두었다. 이 가운데 일제강점기까지의 행적은 대부분 기존 연구를 반영했다 해도 과언은 아니다. 다만 해방 이후 연구는 상대적으로 빈약하여 부족한 부분을 채우거나 새롭게 쓰는 방식으로 서술하였다. 특히 '신익희의 노선'을 찾는 방식에서 한말부터 일제강점기, 해방 이후 신익희의 행적과 노선을 특정 시기나 특정 분야가 아닌 통사적 관점에서 총체적으로 접근하고자 하였다.

신익희를 이해하기 위해 첫째, 유년시절 신익희의 가풍과 학창시절 교우관계를 주목하였다. 양명학을 기반으로 한 실용주의적·합리주의적 가풍, 부친이 1894년 농민전쟁 당시 노비해방운동에 부분적으로 참여하는 등 근대지향적인 집안 분위기, 그리고 일본 유학시절 교우관계 등은 해방 전후 신익희 노선을 유기적으로 이해하는 출발점이 된다. 둘째, 일제강점기 행적을 해방 이후 행적과 연계해 이해하고자 하였다. 신익희의 경우 일제강점기 행적과 해방 이후 행적이 완전히 다른 모습으로 비추어지는 경우도 있지만, 둘 사이에는 깊은 연관성이 존재한다.

사실 신익희를 이해할 때 익히 알려진 임시정부 내무부장·독립운동가라는 단어 이외에 민족교육자·군사교육지도자·언론인·사회단체 활동가로서의 신익희가 있고, 또 다른 면에서 무장독립운동가로서의 신익희가 있다. 반공주의자와 같이 한쪽에 기운 모습에서부터 좌우합작·정당통합운동가와 같은 통합적 모습도 존재한다.

이 글에서 이러한 신익희의 특징과 경향성에 대해 모든 것을 규명할 수는 없지만 지나치게 정치적으로 해석하는 경향은 배제하고자 했다. 특히 신익희 사후 정치적 정황과 여러 이해관계로 인해 덧씌워진 해석이 많다고 보고, 이를 우선 배제하여 가급적 객관적으로 살펴보고자 했다. 이 책이 객관적인 신익희 노선을 새롭게 이해하는 작은 시작이 되길 기대해 본다.

2014년 12월

이 강 수

차례

학생운동에 앞장서다 01

명문가의 늦둥이 아들

해공海公 신익희는 경기도 광주군 초월면 서하리(속칭 사마루 마을)에서 태어났다. 그가 태어난 1894년은 동학농민전쟁이 일어났고, 조선정부에서 갑오경장을 추진한 해이다. 또한 일본제국주의 침략군이 경복궁을 점령한 갑오왜란이 일어났으며, 청·일 양국이 서로 한국을 식민지로 삼겠다며 청일전쟁을 일으켜 일제의 반식민지로 전락한 해이기도 하다. 신익희는 이처럼 민족적 위기가 고조되었을 때 태어났다.

신익희는 평산 신씨인 아버지 신단申檀과 어머니 동래東萊 정씨 경랑敬娘 사이에서 6남 1녀 중 막내아들로 태어났다. 평산 신씨는 고려 태조 10년 후백제와의 전투에서 태조 왕건을 위해 목숨을 바친 장절공將節公 신숭겸申崇謙 장군이 시조이다. 신익희의 11대조 충장공忠莊公 신립申砬 또한 임진왜란 당시 충북 충주에서 왜병과 싸운 명장이었다. 그 후에도 역대 왕조에서 벼슬을 한 소론계의 명문거족 집안이었다. 신익희의 고조

신익희 생가

부 신대우申大羽는 호조참판을 지냈고, 그의 아들 신진申縉과 신작申綽은 과거에 합격하였다. 막내아들인 신현申絢(1764~1827)은 예조판서에 올라 신익희 집안은 광주 서하리 일대에서 잠영세족簪纓世族 또는 서향세가書香世家라는 별칭으로 불리었다.

신익희의 집안이 광주 사마루와 인연을 맺은 것은 고조부 신대우와 증조부 신현에 의해서였다. 신대우는 부인 정씨가 세상을 떠나자 묘실을 사마루에 마련하였고, 막내아들 신현은 신대우의 빈소를 사마루에 차리고 1801년 초월면에 안장하였다. 이후 신익희 집안은 사마루에 정착하였다.

신익희

신익희 맏형, 신규희

신익희의 어머니는 1867년 경남 김해에서 태어나 경기도 양평에서 성장한 후 경기도 광주 서하리로 시집왔다. 신단과 정씨는 보희輔熙, 규희揆熙, 필희弼熙, 정희庭熙, 재희宰熙, 익희翼熙 등 6형제와 1녀를 두었다. 신익희는 신단이 63세에 낳은 늦둥이 막내아들이었기 때문에 많은 사랑을 받으며 자랐다. 신단은 1895년 부리던 하인들을 대부분 양민이 되게 해 줄 정도로, 당시 정국을 이해하고 농민들을 이해할 줄 아는 성품의 소유자였다.

신익희의 아호는 해후海候였는데 나중에 해공海公으로 바뀌었다. '해공'은 "바다는 마음이고 공은 나 자신이다海者心也 公者我也"는 글귀에서 따온 것이었다. 중국 망명 시절에는 왕해공王海公이라고 불리었다.

가학인 양명학을 전수받다

명문가에서 막내로 태어난 신익희는 비교적 유복하고 행복한 유년 시절을 보냈다. 어릴 때부터 남달리 총명해 부모형제로부터 각별한 사랑을 받았다. 신익희는 5세 때 『천자문』을 배웠고, 7세 때 『삼국지』와 『수호전』을 읽었으며 한시漢詩와 글쓰기를 즐겨 했다. 10세에는 『사서삼경』을 모두 떼었다.

신익희는 집안 대대로 내려오는 지행합일知行合一의 실천정신을 강조하던 양명학陽明學을 전수받았다. 신익희가 한학을 공부할 때 첫째 형 규희에게 수학했는데, 경기도 광주 평산 신씨 집안의 가학家學이 양명학이어서 이를 자연스럽게 전수받은 것이다. 사실 신익희의 집안은 양명학의 강화학파에 속했다. 강화학파는 조선시대 대표적인 양명학자였던 하곡霞谷 정제두鄭齊斗(1649~1736)가 강화로 이주하면서 형성되기 시작하였다. 정제두에서 발원된 강화학파는 그의 손녀 사위인 이광명李匡明과 종형제들인 이광신李匡臣, 이광사李匡師 등으로 이어졌다.

강화학파의 또 다른 줄기는 신익희 집안으로 이어졌다. 신익희의 고조부 완구宛丘 신대우申大羽(1735~1809)가 강화학파 정제두의 손녀사위이자 학통계승자였다. 집안이 어려웠던 신대우는 강화 하곡리에서 처가살이하면서 정제두의 양명학을 사숙하였다. 그의 학문은 신진申縉, 신작申綽, 신현申絢 세 아들에게 이어졌고, 그 가운데 막내가 신익희의 증조부인 신현이었다. 신현은 강화도에서 광주 사촌으로 이주하여 광주의 신씨 문중을 열었고, 양명학을 전수했다. 그리고 신익희는 백형으로부터 가학을 전수받은 것이다.

신익희의 고조부 신대우

특히 고조부인 신대우와 증조부인 신현은 어린 시절 신익희에게 많은 영향을 미쳤다. 신익희는 『구술해공자서전』에서 유년 시절 부분에서 고조부 신대우가 작성한 가훈과 증조부 신현이 작성한 좌우명을 상당한 분량으로 소개하고 있다. 어린 시절 신익희의 한학 공부는 가학인 양명학의 전승과정이기도 했다. 그중 신현의 좌우명은 목각까지하여 집안대대로 계승되었고 신익희의 마음속에도 깊게 새겨져 있었다.

> 모두 쓰지 않고 남아 있어 머무는 교묘한 것은 우주 자연에 돌려보내고, 모두 쓰지 않고 남아 있어 머무는 녹봉祿俸은 정부에 되돌려 보내며, 모두 쓰지 않고 남아 있어 머무는 재물은 백성에게 내어 주고, 모두 쓰지 않고 남아 있어 머무는 상서祥瑞는 자손에게 물려준다.

이처럼 개인보다는 국민과 국가를 먼저 생각하는 증조부 신현의 가르침은 양명학에 기초하고 있다. 유년 시절의 학문과 경험은 향후 당면 과제와 상황을 현실적으로 접근하고 합리적으로 해결하려는 신익희의 현실주의적 정치사상을 만드는 밑거름이 되었다. 즉 신익희의 성향은 유

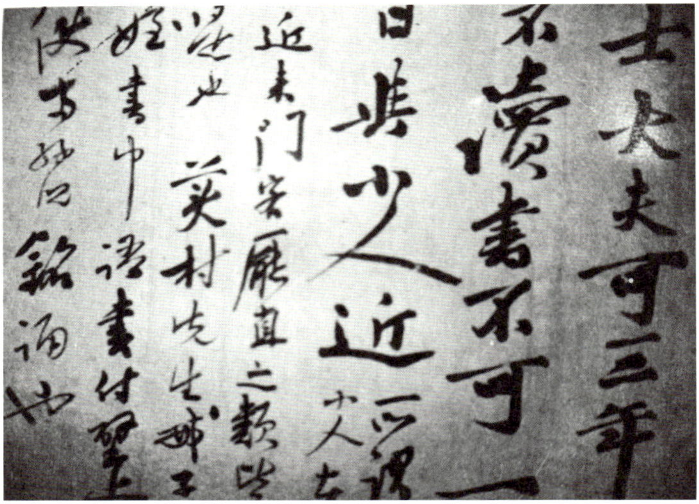

신대우가 쓴 가훈

년 시절부터 익혀왔던 가학인 양명학의 영향으로 이해된다.

한성외국어학교에서 영어를 배우다

1905년 을사늑약으로 한국은 일본에 외교권을 빼앗기고, 일본은 서울에 통감부를 설치하여 한국의 내정을 실질적으로 간섭하기 시작했다. 이러한 국내외 정세와 관련하여 신익희는 “왜놈이 총검으로 상감님을 위협하고 보호조약을 맺었다. 애국충신 민영환閔泳煥이 격분하여 칼로 목을 찔러 죽었다”, “참정대신 한규설韓圭卨이 조약체결을 반대하다가 쫓겨났다”, “전국 각지에서 의병이 일어서서 왜적과 싸운다더라” 등의 소식을 전해 듣고 있었다.

이런 상황에서 신익희는 종종 "좀 더 공부를 잘 하여 나라가 잘 되도록 하겠다!"면서 교육을 통해 국권회복을 도모하고자 했다. 그리고 15세가 되던 1908년 한성외국어학교 영어과에 입학하였다. 조선은 1905년 을사늑약 이후 일제의 반식민지로 전락하면서, 약육강식의 사회진화론社會進化論이 풍미하였다. 당시 지식인 사회에서는 사회진화론에 입각하여, 국권을 상실한 것이 실력이 약해서이므로 국권을 찾기 위해서는 민족의 실력을 양성해야 한다는 논리가 지배적이었다.

민영환

한규설

이러한 상황에서 현실 개혁적이고 지행합일의 정신이 충만한 신익희는 신학문을 수학하는 데는 주저함이 없었다. 신익희의 자서전에 의하면, 당시 신익희는 두 가지 공부를 생각했다고 한다. 첫째, 법관양성소에서 법률을 배워 무지한 민중이 법망에 걸려 고생하는 것을 구제하여 보려는 것, 둘째, 영어학교에 들어가 영어를 배워 서구의 진보한 문화를 흡수하는 것이었다. 당시 신익희는 영어를 배우는 것을 선택하였는데 당시 상황에서 영어는 외국의 문화와 문물을 받아들이는 데 기본적인 수단이었기 때문이었다. 영어를 할 줄 안다는 것은 사회진화론적 관점에서 자신보다 앞선 문화를 수용하는 것이기도 했다.

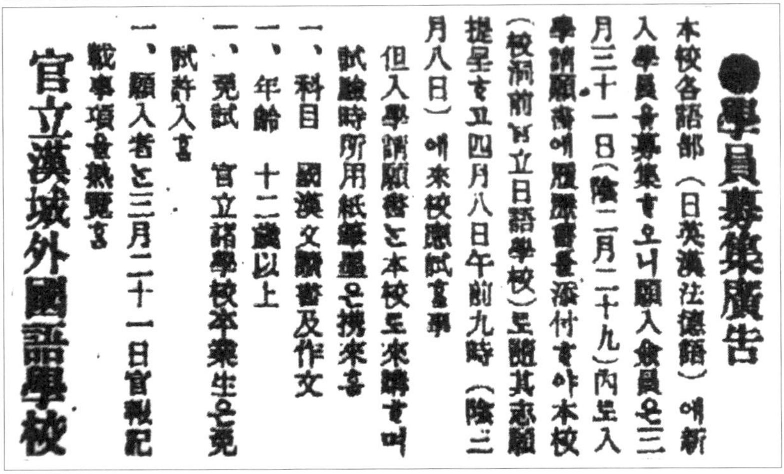

●學員募集廣告

本校各語部（日英漢法德語）에新入學員을募集ᄒᆞ오니願入僉員은三月三十一日（陰二月二十九）內로入學請願書에履歷書를添付ᄒᆞ야本校（校洞前官立日語學校）로赴其志願提呈ᄒᆞ고四月八日午前九時（陰三月八日）에來校應試ᄒᆞᆯ事

但入學請願書ᄂᆞᆫ本校로來請ᄒᆞ며試驗時所用紙筆墨은携來ᄒᆞᆷ

一、科目 國漢文讀書及作文

一、年齡 十二歲以上

一、免試 官立諸學校卒業生은免試許入ᄒᆞᆷ

一、願入者ᄂᆞᆫ三月二十一日官報記載事項을熟覽ᄒᆞᆷ

官立漢城外國語學校

한성외국어학교 학생 모집 광고(『한성신문』 1908년 3월 22일)

사실 사회진화론은 18세기 유럽에서 다윈의 진화론을 인류역사에도 적용하여 약육강식弱肉强食과 우승열패優勝劣敗가 지배한다고 이해되었다. 조선에서도 1880년 이후 사회진화론이 전래되어 대한제국 때에는 신문·잡지 등을 통해 소개되었다. 특히 유길준·윤치호 등이 사회진화론을 적극적으로 소개하였다. 사회진화론적 관점에서 보면 조선이 일본의 식민지가 된 이유는 국민이 무지하고 나라가 나약하기 때문이기에, 국권을 회복하기 위해서는 실력을 키워야 했다. 계몽운동을 통해 국민교육과 부국강병 등 민족의 실력이 커지면 자주적인 독립국가를 건설할 수 있을 것이라고 믿었다.

신익희도 당시 지식인 사회에 보편화되었던 사회진화론에 빠져 있었다. 일제로부터 국권을 되찾고 민족적 수모를 설욕하는 길은 서구의 진보한 문명을 수용하여 나라를 부강하게 하는 데 있다고 판단한 것이다. 이를 위해 우선 영어를 공부하여 서구의 발전된 문화와 문물을 받아들여야 한다고 믿었다.

신익희가 다닌 한성외국어학교는 1895년 교육개혁에 의하여 세워진 근대식 외국어학교였다. 갑오경장의 교육개혁조치에 따라 1895~1898년까지 일어, 중국어, 영어 등을 가르치는 외국어학교들이 서울 각지에 설립되었다. 이 학교들은 1906년 발표된 '외국어학교령'에 따라 관립한성외국어학교로 통합 개편되었고, 1909년 하나의 학교로 통합되었다. 외국어학교의 수학 연한은 3년이며 12세 이상의 남자를 입학시켜 해당 외국어와 일반 교과를 가르쳤다.

신익희는 외국어학교에서 단연 두각을 나타냈다. 같이 외국어학교를 다닌 이범석李範奭은 신익희를 '무척 가난하지만 수재'라고 평가했고, 이희승도 신익희가 학생들과 교사들에게 다음과 같이 찬사를 받았다고 평가했다.

> 우리 학급에는 신익희 군과 유홍섭, 윤비의 남동생인 윤홍섭과 사촌동생 윤정섭 등이 있었다. …… 그는 한 달에 한 번씩 열리는 담화회 때 명성을 떨쳤다. 5개 부 학생과 전 직원이 모두 모인 자리에서 신군은 이솝우화를 유창한 영어로 말하곤 했다. 암기한 것을 말하는 것이긴 했지만 정확한 발음과 억양, 그리고 제스처까지 능란하게 구사하는 그를 보고 학생들은 물론 교사들도 찬사를 아끼지 않았다.

외국어학교 교관들은 대부분 조선 사람이었으나 영국 사람도 있었다. 그런데 당시 낙후된 우리나라 사람들을 대하는 영국인 교사들은 대단히 오만하여 학생들을 멸시하고 공부를 못하는 학생들에게는 '지게꾼 놈', '상놈'이라고 욕하면서 분필 토막을 얼굴이나 머리에 함부로 던지고는 했다. 영국인 교사들의 오만한 자세와 인간적인 멸시 행위는 신익희에게 민족의식이 커지는 계기가 되었다.

한성외국어학교를 다니면서 신익희는 많은 사람과 교우관계를 맺었다. 같이 수학한 사람 중에는 순종비 윤황후의 오빠인 윤홍섭, 나중에 공화당 당의장을 지낸 정구영, 한성외국어학교 영어과 선생인 이능화·안명·윤태헌·이기룡 등이 있었다. 이능화는 학생들이 영국인 교사들에게 느끼는 민족적 모욕감을 풀어주어 인기가 높았고, 이기룡은 정부수립 후 자유당에서 활동한 이기붕李起鵬의 사촌이었다. 영어문법을 가르친 윤태헌은 남다른 민족의식을 지닌 인물로 신익희의 민족의식 형성에 많은 영향을 미쳤다는 평가를 받고 있다.

신익희는 이러한 근대적 교육을 기초로 유년 시절 새로운 세상을 접하면서 민족의식을 키워 가고 있었다.

일본 유학길에 오르다

신익희가 한성외국어학교에 다닐 때 조국의 운명은 나날이 기울어져 갔다. 그리고 신익희가 한성외국어학교를 졸업한 1910년 한국은 일제에 주권을 빼앗기고 식민지로 전락했다. 일제 병탄은 국가가 사라졌다는 의미로 양육강식의 국제정세에서 한국의 소멸을 의미하였다. 그렇기에 신익희와 그 주변의 사람들, 그리고 당시 지식인들에게 큰 충격이었다. 당시 한성외국어학교에서는 학생과 선생들 모두 울음바다였고, 1911년 3월 예정이던 졸업식을 수개월 앞당겨 시행하였다.

나라의 주권을 일제에 빼앗기자 신익희는 민족이 나아갈 방향과 자신이 가야 할 길을 고민하였다. 그 한 길은 세상이 일본말을 배우고 일본화 되더라도, 주시경 선생을 중심으로 하여 국문을 연구하고 국혼을 고취하는 것이었다. 또 다른 길은 나라를 되찾는 데 부질없이 감상에만 흐르지 말고, 현실을 제대로 인식하여 개화·진보한 일본에 가서 문명을 배워 일본과 맞서 일어서야 한다는 것이었다. 결국 신익희는 1912년 일본 유학의 길을 선택하여 사회진화론적 계몽주의의 길을 걸었다.

일본을 이기기 위해 일본을 제대로 알아야 한다고 생각한 신익희는, 유학간 그해 1912년 여름방학 동안 일본 전역을 돌아다녔다. 그리고 일본의 지세, 민심, 민도, 풍속, 농업, 상업, 공업, 광산 실태, 가족관계, 무사계급과 평민계급 등을 세세하게 알아보았다. 일본을 직접 돌아본 신익희는 한국이 신학문을 교육하고 국가의식과 독립의식을 고취한다면 일본 사람을 훨씬 능가할 수 있을 것이라는 확신을 가졌다.

학우회 결성과 『학지광』 발간

신익희는 유학을 온 이후 한국 유학생 사회의 결속을 위해 노력하였다. 이것은 신익희의 조직가적 면모를 보여준 것이다. 1912년 일본 유학생

사회는 황해도 중심의 해서海西친목회, 함경도 사람 중심의 철북鐵北구락부, 경상도 중심의 낙동洛東친목회, 평안도 사람 중심의 패서浿西친목회, 전라도 사람 중심의 호남다화회湖南茶話會, 경기도 사람 중심의 삼한三韓구락부, 강원도 중심의 영남嶺南구락부 등으로 나누어져 있었다. 이에 신익희는 독립운동세력을 규합하기 위해 지역별로 나누어진 유학생 조직을 통일적인 하나의 조직으로 결합시키는 작업을 하였다. 그리고 1912년 4월 간사장으로 김병로를 선출하고, 1912년 10월 27일 연합회를 개최하여 조선유학생학우회朝鮮人學生學友會를 결성하였다.

초기 학우회는 신익희를 필두로 와세다대학 동학인 안재홍, 메이지대학의 최한기·서경묵 등이 주도적인 역할을 했으며 총 구성원은 97명이었다. 신익희의 자서전에 의하면 이들 외에도 송진우, 안재홍, 문일평, 정세윤 등이 학우회 결성에 직간접적으로 참여했다고 한다. 학우회는 회원 상호간의 지·덕·체의 발달, 학술연구와 의견교환을 도모하기 위해 창립된 단체로, 각 지역의 모임을 분회로 한 연합체로 출범하였다. 도쿄에 있던 학우회는 일본 재일한인 유학생 조직 중 가장 큰 규모의 조직이었다.

학우회는 회장(1), 총무(1), 평의원(14), 문서부원(3), 간사부원(2), 지육부원(2), 체육부원(2), 학예부원(2), 편집부원(2) 등으로 구성되었고 각 부에는 부장을 두고 부원은 평의원 결의에 따라 수시로 교체되었다. 이 학우회에는 창립 초기 신익희를 필두로 하여 안재홍·백남훈·정노식·장덕수·현상윤·송진우·김성수·주종건·최두선·신석우 등이 활동하였고, 2·8독립선언 시기에는 최팔용·김도연·이광수·김철수·백

와세다대학 졸업 동창생

관수·윤창석·이종근·송계백·최근우·김상덕·서춘 등이 활동하였다.

신익희는 1916년 9월 장세윤, 박해돈, 노실근에 이어 제4대 회장으로 취임하였다. 당시 학우회는 총무부장 윤현진, 재정부장 노익근, 지육부장 차남진, 간사부장 김명식, 평의원 의장 김효석 등이 있었고, 장덕수·김영수·백남훈 등이 평의원으로 활동하였다. 학우회는 회원 상호간의 친목도모를 목표로 했지만, 실제는 『학지광學之光』을 발간하고 웅변대회 등을 통해 항일의식을 고취시키는 등 독립운동 결속체로 활동하였다. 이 학우회는 1919년 2월 8일 도쿄 기독교청년회관에서 조선청년독립단 명의로 독립선언서를 발표한 '2·8독립선언'의 모체가 되었다.

「학지광」 표지(1914)

한편 학우회는 연구발표를 통한 민족의식과 역량강화를 위해 1914년 4월부터 기관지인 『학지광』을 발간하였다. 1년에 4회 발간 예정이었던 이 잡지는 논문, 소설, 극, 평론, 기행, 수필, 시 등과 학우회 및 청년단체 활동에 대한 기사로 채워져 있었다. 그러나 계속되는 일본 경찰의 탄압에 발매금지, 반포금지, 정간처분을 받으면서도 조직이 해체될 때까지 발간되었다. 『학지광』 7·8·9호는 결국 발매금지를 당했다.

『학지광』 편집은 주로 집행부의 핵심들에 의해 이루어졌으며 김병로와 신익희 등이 초기 중심역할을 하였다. 『학지광』의 초대 편집장은 김병로가 맡았으며 신익희는 『학지광』 제2호부터 4호까지 편집인 및 발행인으로 활동하였다. 5호부터는 장덕수가 물려받았다. 신익희는 『학지광』 등을 통해 일본 및 국내 청년학생들의 민족정신과 독립사상을 고취시켰다. 『학지광』은 600부에서 1,000부 정도 발행되었는데, 국내를 비롯한 해외의 동포에게 배포되었다. 계속되는 탄압으로 출판물의 인쇄가 어려워지자 학우회는 자금의 모금과 광고를 모집하기 위해 한국 각 도에 모집위원을 파견하기도 하였다. 백남훈은 『학지광』에 대해 다음과 같이 말하였다.

『학지광』은 발행을 거듭할수록 평판도 좋았거니와 일일이 헤아릴 수 없으나 나의 기억에 있는 이름을 소개하면, 김병로, 신익희, 이광수, 최두선, 장덕수, 현상윤, 진학문, 최승만 등 제씨가 있었다. 특히 저 유명

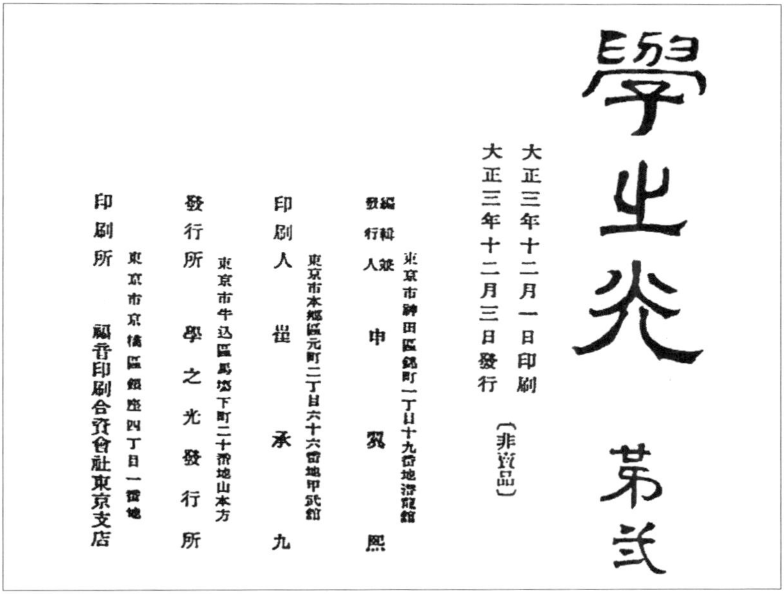

學之光 第弐

大正三年十二月一日印刷
大正三年十二月三日發行 〔非賣品〕

編輯兼發行人 東京市神田區錦町一丁目十九番地清龍館 申翼熙

印刷人 東京市本鄉區元町二丁目六十六番地甲武館 崔承九

發行所 東京市牛込區馬場下町二十番地山本方 學之光發行所

印刷所 東京市京橋區銀座四丁目一番地 福音印刷合資會社東京支店

『학지광』 1914년 제2호

했던 춘원 이광수의 『민족개조론』과 과부개가론은 도쿄의 학생사회는 물론이요, 본국 사회에도 적지 않은 화제를 던졌던 것이다.

신익희는 당시 유학생 사회와 관련해 "학우회에서 기관지로 『학지광』이라는 잡지를 발행하여 민족정신을 고취하는 동시에 당시 미국에 가서 독립운동을 하는 우남 이승만 박사가 발행한 『한국태평양』이라는 잡지를 밀수입하여 유학생 모두에게 돌려가며 보게 하였다"고 한다.

이와 같이 『학지광』은 국내 지식인층과 민족의식 고취, 세계사조에 대한 이해 등 많은 영향을 미쳤다. 『학지광』에는 현상윤, 장덕수, 이광수, 최두선 등 이후 독립운동의 핵심세력 상당수가 기고를 했으며, 신익희도 종종 기고를 하였다.

조선학회를 조직하다

신익희는 유학 시절 학우회와 더불어 1915년 11월 와세다대학에서 함께 수학하던 춘원 이광수와 최남선의 동생 최두선, 그리고 김양수金良秀 등과 조선학회朝鮮學會를 조직하였다. 조선학회는 창립목적이 조국에 관한 일반 학술 활동이라고 하지만, 실제로는 독립운동을 위한 비밀결사였다. 이들은 수차례 비밀회합을 가졌고, 반일적 언변과 유학생들에게 배일사상을 심어 주었다. 이들 모임의 대부분이 애국론을 주제로 하였기 때문에 일본 경찰의 주요 감시대상이 되었다. 실제 조선학회는 설립 이후 꾸준히 조선문제에 대해 보고회와 강연회를 개최하였다. 이광수·노익근은 농촌문제로 강연회를 하였고, 장덕수는 식민지문제로 연구발표회를 했으며, 신익희는 '조선 고래古來의 외교에 대하여'라는 주제로 강연을 하였다. 전영택은 '조선기독교에 대하여', 노익근은 민족자결을, 현상윤은 '조선인으로 본 구주대전歐洲大戰'이라는 주제 등으로 강연을 하였다. 강연 주제와 내용만 봐도 조선학회의 성향과 방향을 충분히 짐작할 수 있다.

일제의 유학생 동향시찰 보고서에 의하면, 1915년 11월 10일 일본 도쿄에서 유학생 이광수, 신익희, 장덕수 등의 발기와 활약으로 조선학회가 조직되었고, 조선학회의 표면상 목적은 한국에 관한 일반 학술 연구였으나 독립운동을 위한 비밀결사로서 별도의 사무실을 두지 않았고 회원 자격은 회원 2인 이상의 보증이 있어야 한다고 했다.

조선학회는 이후 1918년 김철수金綴洙, 백남훈, 전영택, 김도연 등이 회원이 되었고 김철수가 간사로 활동하였다. 신익희를 필두로 한 장덕수, 이광수, 백남훈, 최두선, 김익지, 김철수 등 우익성향의 학생만이 아니라 좌파성향의 학생들도 대거 참여하였다. 이들 중 일부는 김철수와 같이 사회주의운동을 이끌었던 인물들도 포함되었는데 그들과의 교류는 신익희가 이후 좌우합작적 독립운동, 좌파적 무장독립운동으로 나아갈 수 있었던 기반이 되었다.

학우회, 조선학회 조직과정을 보면 내부의 이념적 갈등과 대립보다는 오히려 반일 독립운동을 강조하였는데 이는 이후 신익희의 정치노선을 형성시키는 기틀이 되었다.

일본에서 만난 평생의 동지들

신익희에게 일본은 단순히 신학문을 공부하는 장소만은 아니었다. 학우회와 조선학회 등을 조직하여 활동하는 곳이었고, 이후 신익희가 민족운동을 하는 평생의 정치적 동지들을 만난 곳이기도 하였다. 일본 유학시절 신익희는 한국 근현대사의 주요 인물인 송진우, 장덕수, 안재홍, 문일평, 정세윤, 백남훈, 김철수, 김성수, 현상윤, 김병로, 조만식, 최두선 등을 만난다. 이들은 학우회를 조직하거나 『학지광』을 함께 만들고, 비밀결사체인 조선학회를 이끌었다. 이들은 2·8독립선언을 준비하고,

이후 신익희와 함께 민족운동을 하는 동지가 되었다.

특히 신익희, 윤홍섭, 장덕수, 최두선은 모두 1894년생으로 더욱 각별한 사이였다. 특히 윤홍섭은 신익희와 한성외국어학교 동기로 일찍부터 인연이 있었으며, 중국으로 망명할 때 순종비 윤황후로부터 10만 원을 얻어 신익희에게 주며 상해 임시정부 설립자금에 보태도록 하였고, 미국 유학 후 1935년 흥업구락부에 관여했다가 일제에 체포되기도 하였다. 해방 후에는 한국민주당 당수, 숙명학원 이사장, 대동청년당 상무이사 등을 역임하였다. 윤홍섭은 신익희가 가장 신뢰했던 동지 중 하나였다. 해방 후 신익희가 정치활동을 하다 힘들면 언제나 마음 편히 찾아가 술잔을 기울인 사이이기도 했다.

장덕수는 신익희와 와세다대학 정경학부를 같이 다닌 사이로 1919년 3·1운동을 함께 모의하기도 하였다. 장덕수가 암살되자 신익희는 「추도사」에서 다음과 같이 말하였다.

> 나와 동지는 함께 조도전早稻田대에 학적을 두고 이역 객창에서 서로 고향을 생각하느라 심야의 달을 바라보기도 하고, 강개 국사를 통론하느라고 청춘의 피를 나누어 맹세한 것도 어제같이 역력합니다. …… 옛날에 백아伯牙의 거문고를 종자기鍾子期만이 알아들었음으로 종자기가 죽은 후에 백아는 지음知音하는 이가 없음을 한하여 거문고 줄을 끊고 거문고를 깨뜨리어 다시는 치지 아니하였다는 말이 있는데, 동지가 가신 후에 나는 참으로 지음하는 이가 없음을 한하지 않을 수 없습니다.

장덕수는 신익희가 가장 왕성했던 젊은 시절 와세다대학 정경학부, 학우회 『학지광』, 조선학회 등에서 함께 활동한 대표적 동지 중 하나였다.

이외에도 중국 산시성 출신 후징이(호경익胡景翼)와의 만남도 주목된다. 후징이는 1912년 일본으로 건너가 호연학사浩然學社에서 수학하였다. 이때 신익희를 만나 교류했고, 그 인연으로 후일 한중합작운동을 전개하는 데 기반이 되기도 하였다.

이와 같이 신익희는 일본 유학에서 단순히 신학문만을 배운 것이 아니라 자신의 평생 동지들을 만났다. 젊은 시절 그들은 국가와 민족에 대한 열정, 독립운동에 대한 의지로 만났기에, 이후 이들은 때로는 경쟁관계로 서로 영향을 주고받으면서 한국 근현대사를 이끌어 갔다.

02 민족교육운동과 3·1운동 참여

광동강숙을 설립하여 운영하다

신익희의 아버지 신단은 1895년 본인이 데리고 있던 대부분의 노비들을 해방시켜 주었고, 신익희가 10세 때 조카들과 노비 자식들을 모아 한글을 가르친 적도 있었다. 이러한 환경 속에서 신익희는 일찍 평등의식을 배웠고, 국민들을 계몽시켜야 조국이 부강할 수 있다는 사실을 깨달으며 자라왔다. 그리고 1912년 일본 유학을 시작한 첫 번째 여름방학을 이용해 일본 전역을 직접 돌아보면서 신학문 교육에 강한 확신을 품었다.

1913년 여름방학을 이용해 신익희는 본격적인 민족교육운동을 시작하였다. 형인 규희, 필희 등과 함께 경기도 광주 사마루 생가에서 사설강습소인 광동강숙廣東講塾을 설립하였다. 당시 조선에서는 뜻 있는 지식인들이 사설강습소를 설립하여 민족의식을 고취시켰는데 신익희도 고향인 경기도 광주 사마루에 직접 광동강숙을 설립하고 민족교육을 시작하였다. 사마루는 신익희의 고향이자 고조부, 증조부의 가르침이 살아

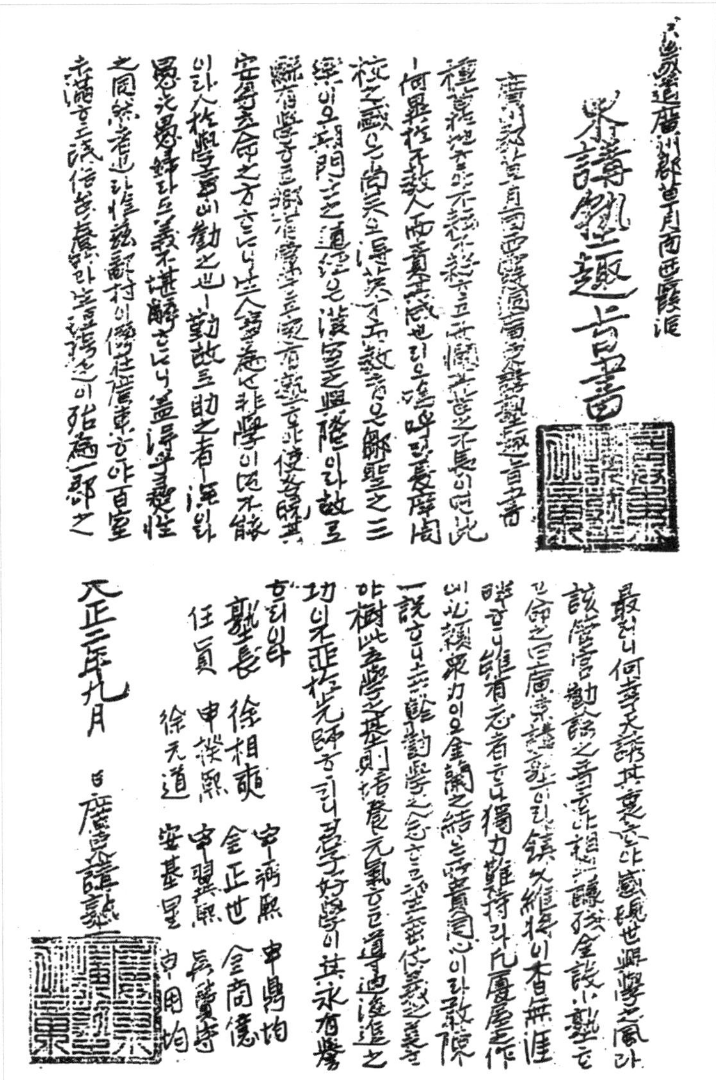
廣東講塾趣旨書

大正二年九月 日 廣東講塾

광동강숙 설립 취지서

숨 쉬는 곳이었다.

광동강숙의 숙장은 한말 통상사무아문 주사와 원산항 방판을 지낸 서상석徐相奭이 맡았다. 임원은 신규희, 서원도, 신필희, 김정세, 신익희, 안기성, 신정균, 김상억, 오현우, 신용균 등으로, 초빙한 서상석을 제외하면 모두 사마루 신씨들과 인근 유지들이었다. 광동강숙의 설립목적은 「광동 강숙 설립 취지문」에 나와 있다.

> 씨앗과 묘를 땅에 심고는 김매지 않고 북돋아 주지 않고서 그 묘가 자라지 않는다고 탓함은 사람을 가르치지 않고 훌륭하게 성장하지 않는다고 나무라는 것과 무엇이 다를 소냐 …… 배우지 못한 사람으로서 배우지 않으면 아무 일도 할 수 없다 …… 비록 뜻 있는 사람이 있다 할지라도 혼자의 힘으로는 유지가 어려우니 뜻을 같이하는 사람의 두터운 정의와 마음을 함께 하는 정성으로 …… 이 강숙의 터전을 세웠나니 나라의 원기를 배양하고 후진들의 성공의 길을 열어 인도해 나간다면 옛 스승들이 여기에 버금가지 않을 것 ……

교육 없이는 개인의 성공도 민족의 독립도 불가능하다는 것을 명시한 것이다. 이것은 민족교육을 통해 자주독립 국가의 기반을 만들려는 신익희의 교육관을 잘 반영한 것으로 그는 격동기 교육을 통해 민족이 나아갈 길을 찾고 있었다.

여기서 주목할 것은 신익희는 사설강습소에서 누구나 쉽게 이해할 수 있도록 국한문혼용을 사용했다는 점이다. 「건교취지문」도 국한문혼용으로 작성하였다. 국민 교육의 중요성에 대한 신익희의 교육철학이 반영된 것이라고 볼 수 있다. 특히 기록에 의하면 광동강숙은 총독부가 금서로 지정한 『유년필독幼年必讀』 등을 가르치면서 민족의식을 고취시켰다고 한다. 『유년필독』은 1907년 현채玄采가 조선의 역사와 지리로 민족의식을 고취하기 위해 만든 책인데, 이것을 교과서로 사용했다는 점도 시사하는 바가 크다.

이러한 다양한 노력으로 학생들은 인근 마을에서 80여 명이 모였고 총 4개 반으로 나누어 수업을 하였다. 사설강습소라고 하기에는 상당한 규모라고 볼 수 있다.

중동학교와 보성법률상업학교에서의 민족교육

1917년 와세다대학 졸업 후 신익희는 미국 유학에 뜻을 두었다. 서구의 문화와 진보된 과학을 배우려는 이유도 있지만, 일본이 우리나라를 병탄하여 저지른 만행을 세계에 알리고 독립운동을 하기 위해서였다. 신익희는 미국 유학을 가기 전 잠시 국내에 들어왔다. 그런데 중동학교中東學校 교장 최규동崔奎東의 부탁으로 중동학교에서 학생들을 가르쳤다. 그 이유는 민족교육의 필요성도 있었지만, 다른 한편으로는 미국을 가는 데 필요한 유학비용을 마련하기 위해서였다. 그러나 반년 가까이 있으면서 보수를 한 푼도 받지 못하자 신익희는 보성법률상업학교普成法律商業學校로 옮겼다.

1917년 11월 중동학교 재직 당시 신익희는 『일분몽구一分夢求』라는 책을 썼다. 책의 첫 장에는 '학문과 효도를 숭상하고 실천하는 가정', 마지막 장에는 '충성과 정조를 대대로 지켜온 가문'이라는 의미의 글귀를 새겼다. 이 책은 큰형의 지시로 조카 신창현의 돌상에 올려놓기 위해 만들었으며, 신익희의 처녀작이기도 하다.

1918년 신익희는 고려대학교 전신인 보성법률상업학교의 교수로 자리를 옮겼다. 신익희가 보성법률상업학교로 갈 당시 한국에는 변변한 대학이 없었고 일본인이 만든 경성전수학교京城專修學校 등이 있었을 뿐이었다. 신익희는 유학자금 때문에 학교를 옮겼지만, 일본인이 세운 전문학교보다 월등히 나은 학교를 만들겠다는 야망을 털어놓기도 하였다. 그는 보성법률상업학교에서 비교헌법, 국제공법, 재정학 등을 강의하였는데 그곳에는 최린, 김병로, 이병희 등이 교수로 재직하면서 학생들을 가르치고 있었다. 신익희에게 교직생활은 그냥 시간을 흘려보내는 것이 결코 아니었다. 신익희의 보성학교 제자인 강기덕康基德 등은 학생대표로 3·1운동의 추진과 전개과정에서 중심적인 역할을 수행하였는데, 이는 신익희의 교육활동의 교육적 효과를 확인할 수 있는 부분이다. 그리고 헌법과 법률 교수 경험은 향후 임시정부에서 『임시헌장』 등 임시정부의 헌법과 법률을 제정하는 데 직접적인 영향을 주었다. 이후 신익희는 1930년대 '분용대'에 참여하여 군사교육에 참여하였으며, 해방 이후에는 신국가를 건설하기 위해 민족대학 설립을 추진하고, 『민족론』을 직접 강의하기도 하였다. 결국 신익희의 민족교육에 대한 의지는 계몽주의적 관점에서 출발했지만, 이는 신익희가 견지한 철학이자 일생동안 추진하던 민족운동의 한 방략으로 이해된다.

신익희는 1918년 1월 윌슨의 민족자결주의 발표를 계기로 거족적인 독립운동을 준비하였다. 그는 자서전에서 당시 분위기를 다음과 같이 전하고 있다.

> 세계 정정은 또 한 번 변하였다. 1914년에 일어난 세계 1차 대전이 1918년 11월 11일로 종전이 되었는데, 이에 앞서 그해 6월 미국 대통령 우드로 윌슨이 발표한 강화 원칙 가운데에 '민족자결'의 한 항이 있는 것을 기회로 우리 민족도 독립운동을 일으켜야겠다고 생각하고, 그때 사회의 저명인사이고 지도자급이던 우정 임규林圭, 고우 최린崔麟, 고하 송진우宋鎭禹, 육당 최남선崔南善, 정노식鄭魯湜, 창석 윤홍섭尹弘燮, 공민 나경석羅景錫 등과 비밀히 의논하는데 혹은 남의 집 건너방에 모이기도 하고 당시 요리점이던 혜천관, 명월관 등지에 모여 독립운동의 방법을 토의하게 되었다.

민족자결주의는 당시 지식인들에게 우리도 자주독립 국가를 건설할 수 있다는 희망의 메시지가 되었다. 그러나 윌슨의 민족자결주의는 모든 식민지에 적용된 것이 아니라 독일 등 패전국 식민지에만 해당되었다. 당시 한국의 민족지도자들은 이 같은 민족자결주의의 원칙과 한계를 분명히 알고 있었다. 그럼에도 윌슨의 민족자결주의에 적극 호응한 것은 민족자결주의로 고양된 국제정세와 국내외의 독립 열기를 적극 이용하

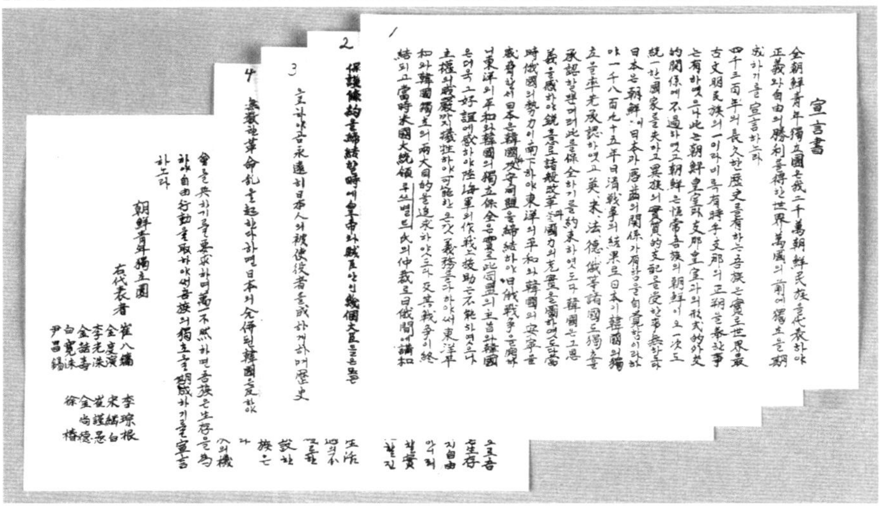

2·8독립선언서

여 우리 민족이 독립운동을 일으키고자 하는 의도에서였다.

이를 계기로 신익희와 많은 민족지도자들이 모여 독립 방략을 모색하였다. 당시 민족자결주의를 계기로 민족운동을 주도했던 인물은 최린, 송진우, 최남선, 정노식, 임규 등으로 함께 일본 유학을 했던 인물들이다.

당시 신익희는 우리 민족은 일본을 반대하고 독립을 원하는 '독립선언'을 하고 그 뒤를 이어 해외에 망명한 군사운동가와 함께 방대한 군사행동을 일으킬 것 등을 상의하자고 제안하였다. 이러한 인식하에 신익희는 1918년 11월 말 손병희, 송진우, 윤홍섭 등과 상의하고 해외 단체와 동포유지에게 연락할 사명을 띠고 해외에 나갔다. 그는 독립운동은 처음에 평화로운 방식으로 시작될지라도 결국은 군사행동을 해야 한다고 생각하였다. 이러한 인식은 신익희 독립노선의 한 특징이다.

신익희는 1919년 1월 상하이에 도착하여 그곳 교민 실정과 독립운동 단체의 현황을 돌아보고 본국의 소식을 기다렸다. 그러나 소식이 없자 2월 중순 다시 톈진, 베이징, 선양을 거쳐 본국으로 돌아왔다.

3·1운동에 참여하고 중국으로

신익희는 본국으로 돌아오던 중 3·1운동이 시작된 것을 알았다. 당시 신익희가 국내로 다시 들어온 것은 민중동원의 기반을 가진 손병희를 해외로 망명시켜 독립운동을 계속하기 위해서이고, 천도교당 건축비로 모아 놓은 헌금을 가지고 나가 군자금으로 쓰기 위해서였다. 그런데 손병희는 일본 경찰에 잡혀 있었고, 천도교 헌금도 가지고 나갈 수 없었다.

신익희는 기차 편으로 귀국하던 중 평양에서 시민들이 태극기를 들고 정거장을 향하여 돌진하는 만세시위운동을 보았다. 이에 신익희는 상주喪主 복장을 하고 1919년 3월 2일 서울에 도착하여, 3월 5일 만세운동에 참여하였다. 신익희는 보성법률상업학교 제자인 강기덕姜基德과 한창환韓昌桓 등에게 연락하고 5일 남대문역, 즉 지금의 서울역에 모여 만세시위를 벌였다. 특히 강기덕은 신익희의 뜻에 따라 서울 시내 학생들과 연락을 취하고, 평양 등지로 사람을 보내 3월 5일 시위에 가담하도록 하였다. 그 결과 평양에서 100여 명의 학생들이 열차 편으로 상경하여 학생들과 일반 시민들까지 가세해 만세운동을 전개하였다.

3·1운동 당시 신익희

3월 5일 아침 남대문 역은 고종 황제의 인산을 마치고 귀성하는 사람들로 붐볐다. 시내의 각급 학생들이 모여들었고, 평양에서도 100여 명 이상의 학생들이 5일 아침 서울역에 도착하였다. 이때 강기덕 등은 인력거 위에서 '조선독립'이라고 쓴 대형 기를 흔들며 만세시위를 지휘하였다. 그리고 각종 격문이 군중에게 뿌려졌으며 만세소리와 태극기 물결이 일대를 휩쓸었다. 시위행진이 남대문을 돌파하다가 강기덕 등은 일제 경찰에 의해 체포되었다. 이처럼 제2차 독립만세운동이 서울역에서 시내로 돌진해 들어갈 때 신익희는 400~500여 명의 시위행진과 함께 적극 참여하였다.

1919년 3월 5일 2차 만세시위 후 신익희는 3월 14일 농사꾼 차림으로 용산역을 빠져 나와 중국으로 망명하였다. 신익희는 신의주를 거쳐 3월 19일 상해에 도착하였다. 그는 친구 윤홍섭이 대한민국임시정부의 활동 자금으로 마련해 준 거액의 군자금을 전대에 넣어 허리에 차고 서울을 떠나 중국으로 향했다. 27년간의 중국 망명생활이 시작된 것이다.

그런데 여기서 주목할 것은 3·1운동을 주도한 초기 세력인 최남선, 최린, 송진우, 임규, 정노식, 현상윤 등이 모두 일본 유학생 출신이었다는 점이다. 그들은 대부분 신익희가 만든 학우회와 조선학회 회원이었다. 또한 1919년 3월 5일 만세시위도 보성법률상업학교 제자인 강기덕이 결정적 역할을 수행했다. 이는 일본 유학 시절 동료와 귀국 후 민족교육운동을 전개할 당시의 인맥이 신익희의 독립운동·민족운동 과정에

3·1운동 당시 모습

宣言書

吾等은玆에我朝鮮의獨立國임과朝鮮人의自主民임을宣言하노라 此로써世界萬邦에告하야人類平等의大義를克明하며此로써子孫萬代에誥하야民族自存의正權을永有케하노라 半萬年歷史의權威를仗하야此를宣言함이며二千萬民衆의誠忠을合하야此를佈明함이며民族의恒久如一한自由發展을爲하야此를主張함이며人類的良心의發露에基因한世界改造의大機運에順應幷進하기爲하야此를提起함이니 是ㅣ天의明命이며時代의大勢ㅣ며全人類共存同生權의正當한發動이라 天下何物이던지此를沮止抑制치못할지니라

舊時代의遺物인侵略主義强權主義의犧牲을作하야有史以來累千年에처음으로異民族箝制의痛苦를嘗한지今에十年을過한지라 我生存權의剝喪됨이무릇幾何ㅣ며心靈上發展의障礙됨이무릇幾何ㅣ며民族的尊榮의毁損됨이무릇幾何ㅣ며新銳와獨創으로써世界文化의大潮流에寄與補裨할機緣을遺失함이무릇幾何ㅣ뇨

噫라 舊來의抑鬱을宣暢하려하면時下의苦痛을擺脫하려하면將來의脅威를芟除하려하면民族的良心과國家的廉義의壓縮銷殘을興奮伸張하려하면各個人格의正當한發達을遂하려하면可憐한子弟에게苦恥的財産을遺與치안이하려하면子子孫孫의永久完全한慶福을導迎하려하면最大急務가民族的獨立을確實케함이니 二千萬各個가人마다方寸의刃을懷하고人類通性과時代良心이正義의軍과人道의干戈로써護援하는今日吾人은進하야取하매何强을挫치못하랴 退하야作하매何志를展치못하랴

丙子修好條規以來時時種種의金石盟約을食하얏다하야日本의無信을罪하려안이하노라 學者는講壇에서政治家는實際에서我祖宗世業을植民地視하고我文化民族을土昧人遇하야한갓征服者의快를貪할뿐이오我의久遠한社會基礎와卓犖한民族心理를無視한다하야日本의少義함을責하려안이하노라 自己를策勵하기에急한吾人은他의怨尤를暇치못하노라 現在를綢繆하기에急한吾人은宿昔의懲辨을暇치못하노라 今日吾人의所任은다만自己의建設이有할뿐이오決코他의破壞에在치안이하도다 嚴肅한良心의命令으로써自家의新運命을開拓함이오決코舊怨과一時的感情으로써他를嫉逐排斥함이안이로다 舊思想舊勢力에羈縻된日本爲政家의功名的犧牲이된不自然又不合理한錯誤狀態를改善匡正하야自然又合理한正經大原으로歸還케함이로다 當初에民族的要求로서出치안이한兩國倂合의結果가畢竟姑息的威壓과差別的不平과統計數字上虛飾의下에서利害相反한兩民族間에永遠히和同할수업는怨溝를去益深造하는今來實績을觀하라 勇明果敢으로써舊誤를廓正하고眞正한理解와同情에基本한友好的新局面을打開함이彼此間遠禍召福하는捷徑임을明知할것안인가 또二千萬含憤蓄怨의民을威力으로써拘束함은다만東洋의永久한平和를保障하는所以가안일뿐안이라此로因하야東洋安危의主軸인四億萬支那人의日本에對한危懼와猜疑를갈스록濃厚케하야그結果로東洋全局이共倒同亡의悲運을招致할것이明하니 今日吾人의朝鮮獨立은朝鮮人으로하야금正當한生榮을遂케하는同時에日本으로하야금邪路로서出하야東洋支持者인重責을全케하는것이며支那로하야금夢寐에도免하지못하는不安恐怖로서脫出케하는것이며또東洋平和로重要한一部를삼는世界平和人類幸福에必要한階段이되게하는것이라 이엇지區區한感情上問題ㅣ리오

아아新天地가眼前에展開되도다 威力의時代가去하고道義의時代가來하도다 過去全世紀에鍊磨長養된人道的精神이바야흐로新文明의曙光을人類의歷史에投射하기始하도다 新春이世界에來하야萬物의回蘇를催促하는도다 凍氷寒雪에呼吸을閉蟄한것이彼一時의勢ㅣ라하면和風暖陽에氣脈을振舒함은此一時의勢ㅣ니 天地의復運에際하고世界의變潮를乘한吾人은아모躕躇할것업스며아모忌憚할것업도다 我의固有한自由權을護全하야生旺의樂을飽享할것이며我의自足한獨創力을發揮하야春滿한大界에民族的精華를結紐할지로다

吾等이玆에奮起하도다 良心이我와同存하며眞理가我와幷進하는도다 男女老少업시陰鬱한古巢로서活潑히起來하야萬彙群象으로더부러欣快한復活을成遂하게되도다 千百世祖靈이吾等을陰佑하며全世界氣運이吾等을外護하나니 着手가곳成功이라 다만前頭의光明으로驀進할따름인뎌

公約三章

一、今日吾人의此擧는正義、人道、生存、尊榮을爲하는民族的要求ㅣ니오즉自由的精神을發揮할것이오決코排他的感情으로逸走하지말라

一、最後의一人까지最後의一刻까지民族의正當한意思를快히發表하라

一、一切의行動은가장秩序를尊重하야吾人의主張과態度로하야금어대까지던지光明正大하게하라

朝鮮建國四千二百五十二年三月 日

朝鮮民族代表

孫秉熙	吉善宙	李弼柱	白龍城	金完圭
金秉祚	金昌俊	權東鎭	權秉悳	羅龍煥
羅仁協	梁甸伯	梁漢默	劉如大	李甲成
李明龍	李昇薰	李鍾勳	李鍾一	林禮煥
朴準承	朴熙道	朴東完	申洪植	申錫九
吳世昌	吳華英	鄭春洙	崔聖模	崔麟
韓龍雲	洪秉箕	洪基兆		

3·1독립선언서

서 잘 발휘되고 있었음을 보여준다.

1910년대 민족운동은 대한광복회처럼 국내에서 혁명운동을 전개하자는 국내 무장투쟁 세력, 민족교육 등을 통해 실력을 양성하자는 자강운동 세력, 간민회·신흥무관학교처럼 해외에서 독립운동기지를 건설하자는 해외 무장투쟁 세력으로 나뉘어 전개되었다. 이러한 흐름에서 1910년대 신익희의 민족운동은 민족교육을 통한 자강운동을 기초로 하면서 3·1운동을 기점으로 상해로 망명해 임시정부에 투신하는 것으로 이어졌다.

새로운 독립운동방략을 모색하다 03

상해 임시정부 수립의 핵심 실무자

1919년 3월 19일 상해에 도착한 신익희는 상해 임시정부 조직 초기단계부터 적극 참여하였다. 한 연구에 의하면, 신익희는 상해에 도착한 이후 국내인사들이 임시정부를 조직하라는 사명을 갖고 왔다고 하면서, 임시정부 수립을 위한 모임을 주선하였다고 한다. 어떤 이유로 상해를 왔는지는 명확하지 않지만, 신익희가 임시정부 수립 초기단계부터 깊이 관여했다는 사실은 분명하다.

3·1운동 직후 국내외 여러 지역에서 임시정부 수립운동이 적극적으로 추진되었다. 임시정부 수립의 필요성은 신규식·조소앙·박은식·신채호 등이 1917년에 발표한 '대동단결선언'에서 이미 제기되었다. 3·1운동을 계기로 많은 독립운동가 사이에서 임시정부 수립이 적극 추진된 것은 지속적인 독립운동의 전개와 통일적인 지도, 외교활동의 원활한 수행을 위해 통일적 지도기관이 필요하다는 공감대가 형성되었기 때문

이었다.

당시 상해에 모인 독립운동가들은 지도기관 조직방향을 놓고 정부수립론政府樹立論과 당조직론黨組織論으로 대립하였다. 현순·신익희·최창식 등은 정부를 조직함으로써 국내외의 공개적인 지원을 획득할 수 있을 것이라고 한 반면, 여운형·이광수·최근우 등은 주권·영토·인민을 갖지 못한 상태에서 정부라는 형식에 집착하기보다는 당을 조직하는 것이 적절하다고 주장하였다. 그러다 다수의 의견이 형식과 명분을 중시하는 정부수립론으로 기울어 정부수립이 구체화되었다.

임시정부의 선포는 거의 같은 시기에 노령, 상해, 국내(한성) 등 세 곳에서 이루어졌다. 이중 상해 지역의 임시정부 수립논의는 4월 초순부터 본격화되었다. 4월 초순 신익희는 이동녕, 이시영, 신규식, 조성환, 조용은(조소앙), 이광, 현순 등과 함께 난징로南京路 선시공사先施公司 여관에서 회합을 갖고 임시정부조직안을 토의하였으나 합의되지 못하자, 4월 8일 보창로寶昌路에서 다시 회합하기로 하고 헤어졌다.

당시 모임에는 앞서 참석한 인사 외에 청년들도 다수 참여했다. 이 모임에서 상해의 인사들 중심으로 임시정부를 수립하자는 쪽으로 의견이 모아졌다. 이를 위해 우선 임시의정원을 조직하기로 하고, 이동녕을 의장으로 선출, 정부조직을 총리제로 하기로 결정하였다. 그리고 다음과 같이 총 29명의 인물을 각 지방 대표로 선출하였다.

신익희, 현순, 손정도, 조성환, 이광, 이광수, 최근우, 백남칠, 조소앙, 김대지, 남형우, 이시영, 이회영, 이동녕, 조완구, 신채호, 김철, 선우혁, 한

상해임시정부 수립 당시 대한민국 임시의정원 기념촬영

진교, 진희창, 신철, 이영근, 신석우, 조동진, 조동호, 여운형, 여운홍, 현창운, 김동삼

1919년 4월 10일 29명의 대표들이 김신부로 60번지에서 모여 이튿날인 11일 오전 10시까지 회의를 진행하였다. 이날 회의에서는 몇 가지 중요한 사항이 결정되었다.

우선, 회의체 이름을 '대한민국 임시의정원'으로 정했다. 이는 대한민국이라는 국가를 세우면서, 입법기관으로 임시의정원을 출범시킨다는 의미였다. 뒤이어 무기명 투표로 초대 임시의정원 의장(이동녕)과 부의장(손정도), 서기(이광수·백남칠) 등을 뽑았다. 이 임시의정원은 대한민국 역사에서 최초로 결성된 '의회' 조직체였다. 즉, 대한민국 임시의정원은 '대한민국 국회'의 기원으로 볼 수 있다.

둘째, 국호를 '대한민국'으로 결정하였다. 이는 빼앗긴 국가를 되찾는다는 뜻에서 10년 전에 상실한 국가 이름인 '대한제국'에서 '대한'을 찾아 쓴 것이고, 정치체제에 '제국'이 아닌 '민국'을 채택했다. 대한민국 역사에서 최초로 민주정체를 실현하자는 의미가 담겨 있다. 이는 3·1운동의 영향으로 이해할 수 있다.

셋째, 정부 조직을 만들고 내각 구성원을 선발하였다. 이 회의에서 한성임시정부의 관제를 검토하고, 국무총리를 수반으로 삼으면서 국무원에 내무·외무·재무·교통·군무·법무의 6부를 두도록 결의하였다. 그런데 막상 총장을 선출하고 보니, 법무총장 이시영만 상해에 머물고 있었고, 나머지 총장들이 당장 도착할 것 같지 않았다. 따라서 업무를 진행시키기 위해 차장직을 두기로 하고, 상해에서 활발하게 활동하고 있던 젊은 인물을 뽑아 그 역할을 맡겼다. 그 결과 다음과 같이 이승만을 국무총리, 안창호를 내무총장, 신익희를 내무차장으로 선출하고 임시정부를 출범하였다.

초대 임시정부 각원

국무총리 이승만	국무원비서장(대리) 이동녕
내무총장 안창호	차장 신익희

외무총장 김규식	차장 현순
법무총장 이시영	차장 남형우
재무총장 최재형	차장 이재강
군무총장 이동휘	차장 조성환
교통총장 문창범	차장 선우혁

넷째, 임시헌장을 제정하였다. 신익희·이시영·조소앙·남형우 등 법조계 출신이거나 법률을 전공한 인물들이 나서서 임시헌장을 마련하였다. 임시헌장은 헌법 전문 형식의 '선포문'이 포함되고, 10개 조항으로 구성되었다.

대한민국 임시헌장 '선포문'

신인神人이 일치하고 중외中外가 협응協應하여 한성漢城에서 의를 일으킨 지 30여 일에 평화적 독립을 3백여 주州에 광복하고 국민의 신임으로 완전히 조직된 임시정부는 항구 완전한 자주독립의 복리를 우리 자손 여민에 세전世傳하기 위하여 임시의정원의 결의로 임시헌장을 선포하노라.

대한민국 임시헌장

제1조 대한민국은 민주 공화제로 한다.

제2조 대한민국은 임시정부가 임시의정원의 결의에 의하여 이를 통치한다.

제3조 대한민국의 인민은 남녀男女·귀천貴賤 및 빈부貧富의 계급이 없

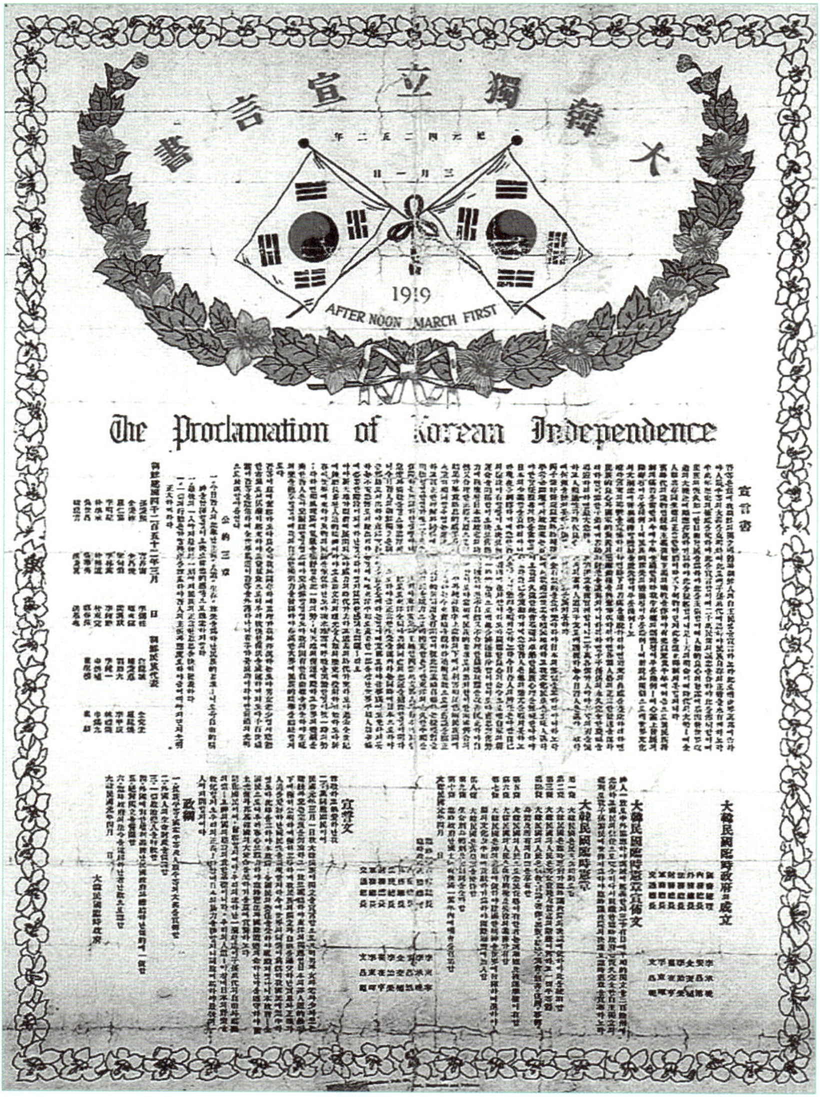

大韓獨立宣言書
1919
AFTER NOON MARCH FIRST
The Proclamation of Korean Independence

대한독립선언서

고 일체 평등하다.

제4조　대한민국의 인민은 종교·언론·저작·출판·결사·집회·통신·주소이전·신체 및 소유의 자유를 향유한다.

제5조　대한민국의 인민으로 공민 자격이 있는 자는 선거권 및 피선거권이 있다.

제6조　대한민국의 인민은 교육·납세 및 병역의 의무가 있다.

제7조　대한민국은 신의 의사에 의하여 건국한 정신을 세계에 발휘하고 나아가 인류 문화 및 평화에 공헌하기 위하여 국제연맹에 가입한다.

제8조　대한민국은 구 황실舊 皇室을 우대한다.

제9조　생명형生命刑·신체형身體刑 및 공창제公娼制를 전폐한다.

제10조　임시정부는 국토 회복 후 만 1년 내에 국회를 소집한다.

대한민국 원년 4월 11일

'선포문'은 3·1운동과 국민의 신의로 임시정부가 수립되었다는 사실과 임시정부가 완전한 자주독립을 후대에 전하기 위해 임시의정원의 결의로 임시헌장을 선포한다고 밝혔다. 임시헌장에서 특히 중요한 것은 '대한민국은 민주공화제'라는 제1조와 임시정부가 임시의정원의 결의에 의해 통치한다는 제2조의 내용이다.

신익희 등 29인 대표가 참여한 1919년 4월 10일부터 이튿날 오전 10시까지 열린 첫 회의는 사실상 제헌의회 성격을 가졌다. 그 결과 1919년 4월 11일 대한민국임시정부가 정식 출범하였다.

신익희는 1919년 4월 8일 임시정부 최초 모임에서부터, 「임시헌장」(헌법) 기초 심사위원, 「임시의정원법」 기초위원, 그리고 4월 11일 초대 내무차장 선임까지, 임시정부 수립의 핵심적인 실무자로서 대한민국임시정부 수립을 위해 동분서주하였다.

임시정부의 연통제 운영

신익희는 대한민국임시정부 수립 이후에도 기초를 마련하는 데 핵심적인 실무 역할을 수행하였다. 임시정부는 처음부터 조직과 체제를 갖추어 출범한 것이 아니었다. 헌법을 제정하여 조직을 만들고 각원을 선출하는 데 그쳤고, 실질적인 정부로 작동하기에는 여러 가지 부족한 점이 많았다.

또한 정부를 이끌어 갈 실질적인 책임자도 없었다. 국무총리로 선출된 이승만은 미국에 있었고, 법무총장 이시영을 제외한 각 총장들도 대부분 미국이나 연해주 등지에 있었다. 국무총리와 총장들이 부임하지 않은 상황에서 임시정부를 이끌고 활동기반을 세워 나가는 것은 차장들 몫이었다. 신익희는 내무차장으로서 내무부 일을 주관하였다.

이런 상황에서 초기 임시정부가 실제 추진한 것은 외교활동과 교통국·연통제聯通制 실시 등이었다. 교통국은 교통부 산하조직으로 통신 업무는 물론 독립운동 자금모집을 관장하던 조직으로, 임시정부는 먼저 국내와 간도 지방과의 연락망을 구축하기 위해 만주 안동현에 교통부 안동지부를 설치하기도 했다.

연통제는 국내 13도를 임시정부 산하에 두고 원활한 연락망을 조직하기 위해 만든 비밀 지방행정조직으로, 임시정부에서 공포하는 법령과 공문의 전포傳佈, 전쟁 시 군자금 모집 및 군수품 증발 수송, 구국금救國金 모집, 구국재정단원의 모집, 공채 발행시 발매업무 등을 목적으로 조직되었다. 연통제는 임시정부 내무부 소관 핵심 업무로 당시 안창호·신익희를 중심으로 1919년 7월 10일 대한민국임시정부 국무원령 제1호로 공포되었다.

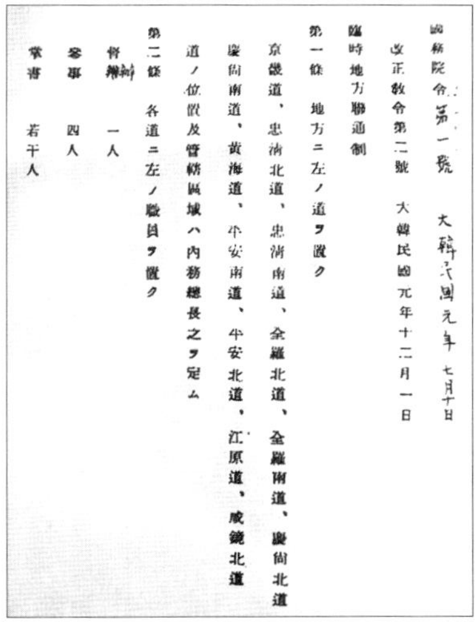
國務院令第一號 大韓民國元年七月十日
改正敎令第二號 大韓民國元年十二月一日
臨時地方聯通制
第一條 地方ニ左ノ道ヲ置ク
京畿道、忠淸北道、忠淸南道、全羅北道、全羅南道、慶尙北道
慶尙南道、黃海道、平安南道、平安北道、江原道、咸鏡北道
道ノ位置及管轄區域ハ内務總長之ヲ定ム
第二條 各道ニ左ノ職員ヲ置ク
督辦 一人
參事 四人
掌書 若干人

임시정부 연통제 관련 건

임시지방연통제(국무원령 제1호, 1919. 7. 10)

제1조 지방에 다음의 도道를 설치한다. 경기도, 충청북도, 충청남도, 전라북도, 전라남도, 경상북도, 경상남도, 황해도, 평안남도, 평안북도, 강원도, 함경북도 도의 위치 및 관할구역은 내무총장이 정한다.

제2조 각 도에 다음의 직원을 둔다. 독판督辦 1인, 참사參事 4인, 장서掌書 약간 명, 경감 2인, 기수 약간 명, 통역 약간 명

제3조 독판督辦은 내무총장에게 예속되고 각 부의 주무에 관하여 각 부 총장의 지휘 감독을 받아 법령을 집행하고 관내의 행정사무를 관리하여 소속관리를 지휘 감독한다.

제13조 도道에 부府 및 군郡을 둔다. 부 및 군의 명칭, 위치, 관할구역, 처무 규정은 내무총장이 정한다.

제22조 각 도 및 각 부군에 참의參議를 둘 수 있다. 참의는 도마다 7인, 군마다 5인으로 한다. 참의는 도·부군 관할 구역 안에 거주하는 학식과 명망이 있는 자로 내무총장이 명한다.

제30조 면에 협의원을 둘 수 있다. 협의원은 면마다 3인으로 한다.

제34조 도·부군 참의 및 협의원에게는 내무총장이 정하는 바에 의하여 직무집행에 필요한 비용을 급여할 수 있다.

이 법령에는 서울에 총판總辦, 도에는 감독부, 군에 총감부, 면에 사감부를 두게 하였다. 연통제는 개정교령 제2호(1918. 12. 1 공포)로 개정되어 공포되었고, 12월 5일에는 연통제의 활동을 구체화하는 도사무분장규정(내무부령 제2호)이 발표되었다. 이 임시지방연통제에 의하면, 경기도, 충청남·북도, 전라남·북도, 경상남·북도, 황해도, 평안남·북도, 함경남·북도, 강원도에 독판督辦, 부에 부장府長, 군에 군감郡監, 면에 면감面監을 두어 각각 행정사무를 관할하며 소속관리를 지휘감독하게 하였다.

그런데 연통제는 황해도·평안도·함경도에서는 순조로웠지만, 강원도·경상도·전라남도 등에서는 실현되지 못하였다. 연통부가 설치되지 못한 지방에서는 그와 비슷한 독립운동단체가 조직되어 연통부의 일을 대신하였다. 강원도 전역, 충청도와 전라도 일부 지역에는 대한독립애국단이 조직되어 연통부 활동을 담당하였고, 경기도와 그 외 경상·충청·전라도에서는 기독교 계통의 조직으로서 청년외교단과 대한민국

애국부인회의 조직 혹은 대한적십자회의 활동이 연통부의 일을 대신하였다.

연통제는 국무총리 대리 안창호가 창안했지만, 내무부 위원이었던 신익희가 실질적으로 주관하고 운영하였다. 신익희의 이런 조직 운영 경험은 해방과 동시에 전국적인 규모의 정치공작대와 행정연구위원회를 조직하고 운영하는 데 도움이 되었다.

대한민국임시헌법을 기초하다

3·1운동 당시 임시정부는 노령의 대한국민회의(3월 17일), 상해의 대한민국임시정부(4월 13일), 국내의 한성정부(4월 23일) 등 세 개가 수립되었다. 그러자 모든 독립운동세력을 결집시킬 수 있는 단일정부수립이 민족운동전선에서 중요한 문제로 제기되었다. 통합운동은 현실적인 세력기반을 갖고 있는 노령정부와 상해정부 사이에서 진행되었다. 이 논의는 5월에 미국으로부터 상해에 도착한 안창호와 노령 측의 원세훈의 주도하에 이루어졌다. 노령 측은 지리적 이점을 살려서 외교부와 교통부만 상해에 두고 정부와 의정원은 노령 또는 간도 지역으로 옮겨 통합정부를 수립할 것을 제안했다. 반면 상해 측은 임시정부는 상해에 두며, 임시의정원과 국민의회를 합쳐 의회를 조직하고 이를 노령에 둘 수 있다는 안을 제안하였다. 결국 양측은 7월 초 총 5개 항의 단일정부 수립 원칙에 합의하였다. 즉, 국내에서 수립된 한성정부의 정통성을 인정하고 정부를 상해에 둔다는 원칙에 합의한 것이다.

첫째, 상해와 노령에서 설립한 정부를 일체 해소하고 한성정부를 계승
할 것
둘째, 정부의 위치는 당분간 상해에 둘 것
셋째, 상해에서 설립한 정부가 실시한 행정은 유효임을 인정할 것
넷째, 정부의 명칭은 대한민국임시정부로 할 것
다섯째, 현재의 각원은 일제히 사퇴하고 한성정부가 선임한 각원들이 정
부를 인계할 것

합의에 따라 상해에서는 8월 18일부터 9월 17일까지 열린 제6회 임시의정원에서 임시헌장개정안을 상정·심의하였다. 임시헌법개정안은 상해 임시정부의 임시헌장 10개조가 통합임시정부의 조직과 구성·운영을 모두 담아낼 수 없다고 인식하고, 통합논의에 따라 한성정부를 골간으로 구성하는 새 규정을 포함한 것이다. 이 개정안은 전문 8장 57조로 된 헌법안으로 대통령만 의정원에서 선출하고 각 국무원은 대통령이 임명하는 것과 주권의 행사를 대통령에게 위임하는 것 등이었다. 정부부서도 전 상해 임시정부의 6부를 한성정부의 7부 1국으로 고치고 각원의 임명도 한성정부의 안대로 하자고 하였다. 헌법개정안은 8월 28일 제출되어 9월 6일 만장일치로 통과되었다.

그런데 '임시헌법개정안' 초안을 주관하여 작성한 사람이 바로 신익희였다. 당시 임시정부는 1919년 8월 5일 차장제가 부활되었다. 임시정부는 통합이 추진되고 있었지만, 임시정부의 각부 총장은 상해를 떠났고, 국무총리 대리인 안창호만 남아 각부의 차장을 거느리고 있었다. 일

명 '차장 내각' 시기였다. 그때 신익희는 법무차장을 맡게 되었으며 '임시헌법개정안' 초안을 직접 작성하였다.

'임시헌법개정안'은 국무총리 대리 안창호가 제출하였지만, 실질적인 일은 신익희가 주관하였다. 당시 의정원회의록을 보면 의원들은 신익희를 향해 질문을 쏟아부었고 신익희는 쉴 새 없이 정부위원으로 등단하여 헌법 조문 하나하나에 대하여 답변하였다. 이렇게 해서 9월 11일 선포된 「대한민국임시헌법」은 전문과 8개 장, 57개 조문으로 구성되었는데, 토의과정에서 1개 조가 삽입되어 58조가 되었다.

> 아我 대한민국은 아국我國이 독립국임과 아我민족이 자주민임을 선언하였도다. 차로써 세계만방에 고告하야 인류평등의 대의를 극명克明하엿스며 차로써 자손만대에 고誥하야 민족자존의 정권政權을 영유케 하였도다. 반만년 역사의 권위를 장仗하야 이천만 민중의 성충誠忠을 합하야 민족의 항구여일恒久如一한 자유발전을 위하야 조직된 대한민국의 인민을 대표한 임시의정원은 민의를 체體하야 4월 11일에 발포한 십 개 조의 임시헌장을 기본삼아 본 임시헌법을 제정하야써 공리公理를 창명彰明하며 공익을 증진하며 국방 급及내치를 주비籌備하며 정부의 기초를 공고하는 보장이 되게 하노라.

그런데 헌법토론 과정에서 신익희가 '우리정부의 정강政綱과 주의主義는 군사軍事 본위本位'라고 언명한 점이 주목된다. 당시 임시정부는 이승만의 외교노선과 이동휘의 무장투쟁노선으로 갈등을 빚고 있었지만, 신

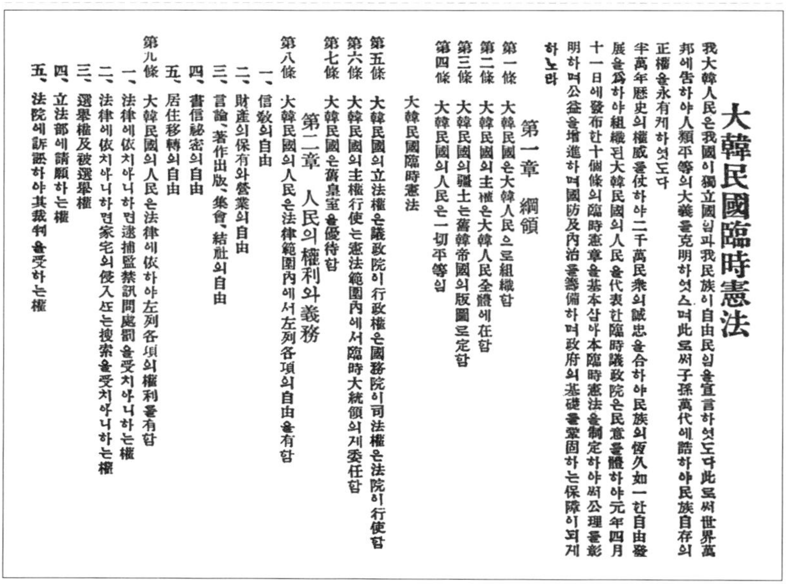

大韓民國臨時憲法

我大韓人民은我國이獨立國임과我民族이自由民임을宣言하엿도다此로써世界萬邦에告하야人類平等의大義를克明하엿스며此로써子孫萬代에誥하야民族自存의正權을永有케하엿도다

半萬年歷史의權威를仗하야二千萬民衆의誠忠을合하야民族의恆久如一한自由發展을爲하야組織된大韓民國의人民을代表한臨時議政院은民意를體하야元年四月十一日에發布한十個條의臨時憲章을基本삼아本臨時憲法을制定하야써公理를彰明하며公益을增進하며國防及內治를籌備하며政府의基礎를鞏固하는保障이되게하노라

大韓民國臨時憲法

第一章　綱領

第一條　大韓民國은大韓人民으로組織함

第二條　大韓民國의主權은大韓人民全體에在함

第三條　大韓民國의疆土는舊韓帝國의版圖로定함

第四條　大韓民國의人民은一切平等임

第五條　大韓民國의立法權은議政院이行政權은國務院이司法權은法院이行使함

第六條　大韓民國의主權行使는憲法範圍內에서臨時大統領의게委任함

第七條　大韓民國은舊皇室을優待함

第二章　人民의權利와義務

第八條　大韓民國의人民은法律範圍內에서左列各項의自由를有함

一、信敎의自由

二、財產의保有와營業의自由

三、言論、著作出版、集會、結社의自由

四、書信秘密의自由

五、居住移轉의自由

第九條　大韓民國의人民은法律에依하야左列各項의權利를有함

一、法律에依치아니하면逮捕監禁訊問處罰을受치아니하는權

二、法律에依치아니하면家宅의侵入또는搜索을受치아니하는權

三、選擧權及被選擧權

四、立法部에請願하는權

五、法院에訴訟하야其裁判을受하는權

「대한민국임시헌법」 개정 공포(1919. 9. 19)

익희는 외교활동의 한계를 일찍부터 간파하고 민족독립은 오로지 독립전쟁을 통해서만 가능하다고 판단한 것이다. 이것은 이후 신익희의 독립운동 방향을 짐작케 할 뿐만 아니라, 이승만과 다른 '신익희 노선'의 흔적을 보여주고 있다. 신익희의 독립운동이 군사본위를 본질적 특징으로 한다는 것이 아니라, 한국의 국내외 정세를 감안할 경우 진정한 독립은 군사본위로만 가능할 것이라고 인식했다는 점이다.

한편 신익희가 만든 '임시헌법개정안'의 내용과 형식도 주목된다. 사실 신익희는 1919년 4월 11일 이미 상해 임시정부 수립 당시 임시헌장

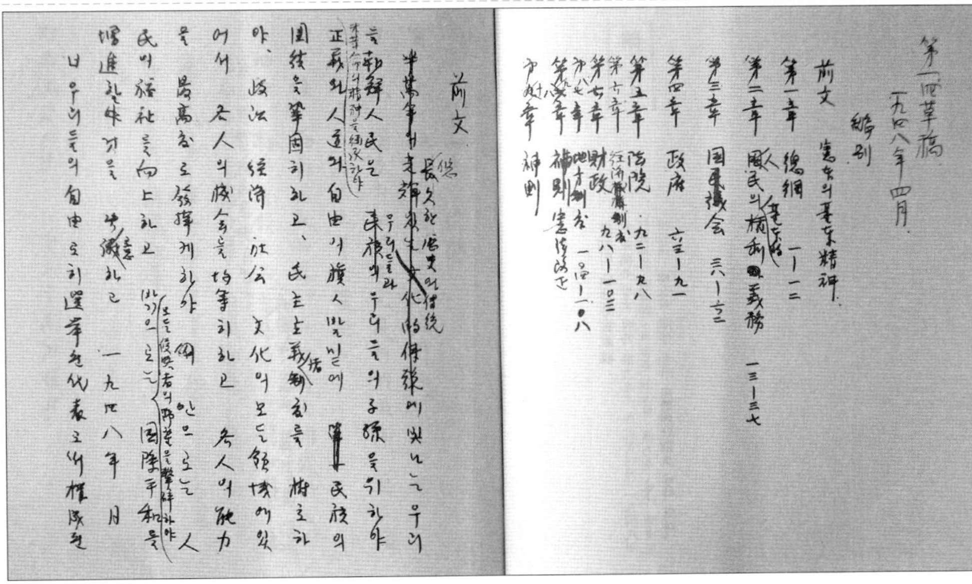

유진오 「제헌헌법 초고」(1948)

을 기초한 바 있다. 그리고 통합헌법은 4월 11일 작성한 임시헌장을 기초로 작성하였다. 당시 8월 28일 제출된 통합헌법은 정부형태를 대통령제로 하고, 입법권(의정원) · 사법권(법원) · 행정권(국무원), 즉 3권 분립 체계를 마련하였다. 당장에 급하지도 않은 이러한 3권 분립까지 표방한 민주주의의 이상을 나타낸 것은 정식정부를 예상하여 만전을 기하자는 뜻이었다. 특히 우리나라 최초의 근대헌법의 체계를 갖추었다는 점에서 그 역사적 의미가 매우 크다. 이러한 신익희의 근대법적 원칙은 이후 임시정부의 기본방침이 되었고, 대한민국정부 수립 당시 1948년 유진오의 「제헌헌법 초고」에도 그대로 반영되었다. 실제 신익희는 해방 직후 행정연구위원회 법제부분을 유진오에게 맡겼고, 유진오도 자신의 회고에서 1948년 헌법초고를 만들 때 임시정부의 '임시헌법개정안'을 참고하여 작성했다고 한다.

민족진영은 이를 근거로 통합임시정부를 성립시켰다. 국내에서 수립된 한성정부를 봉대하되 집정관총재라는 명칭을 대통령으로 개조하여 통합하고, 통합정부의 이름은 대한민국임시정부로 결정하였다. 그리고 9월 8일 이승만을 대통령으로, 이동휘를 국무총리로 선출하고 정부의 각원들은 한성정부의 각원을 그대로 계승하는 형식으로 임명되었다. 9월 11일 신익희가 기초한 '임시헌법개정안'과 함께 통합정부가 성립되었다.

이와 같이 1919년 신익희는 서울에서 3·1운동을 참여한 이후 4월부터 상해 임시정부 수립에 관여하고, 내무차장·의정원 외교위원장과 부의장·법무차장 등으로 임시정부의 실질적인 일을 주관하였다. 임시정부가 수립된 후 조직과 체계의 틀을 만들고, 연해주와 국내에 수립된 임시정부를 통합할 때 '임시헌법개정안' 제정을 통해 그 기틀을 만들었다. 그러는 가운데, 1919년 25세의 청년 신익희는 대통령 대리를 선출할 때 이미 중진의 반열에 오른 안창호, 손정도와 함께 후보로 천거되기도 하였다. 당시 신익희의 위상에 대해 한 원로학자는 "명성만으로 보면 신익희의 생애에서 1919년과 1945년, 그리고 1956년이 가장 영광스러운 해였다"고 평가했다. 그만큼 임시정부의 기초단계에서 신익희의 역할이 크고 괄목할 만하다는 것이다.

1919년 9월 11일 대한민국 통합헌법과 통합정부 성립을 공포하였지만 임시정부는 정부로서의 기능을 여전히 수행하지 못했다. 이는 대통령으로 이승만이 선출된 것이 한 원인이 되었다. 이승만은 이미 1919년 3월 미국특명전권대사를 통해 "연합국 측이 …… 한국을 국제연맹의 위임통치하에 두고 현 일본의 통치하에서 해방하는 조치를 취할 수 있도록 …… " 청원한다는 내용의 「위임통치안」을 미국에 공식 제출했는데 그 사실이 알려지자 신채호와 박용만 등이 임시정부를 떠났고, 국무총리로 선출된 이동휘도 이승만의 위임통치론을 문제 삼아 이승만을 불신하였다. 대한민국임시정부가 수립되고 의정원에서 국무총리 후보에 이승만이 거론되면서 이승만의 위임통치론을 둘러싼 논쟁은 더욱 확대되었다.

의정원 의원이자 사학자인 신채호는 "미국 위임통치를 청원한 이승만은 이완용이나 송병준보다 더 큰 역적이오. 이완용은 있는 나라를 팔아먹었지만 이승만은 아직 나라를 찾기도 전에 팔아먹으려하지 않소! 그런데도 우리 대표로 나설 수 있단 말이오?" 했으며, 군무총장 이동휘는 "이승만이 위임통치를 건의하는 바람에 정부 대표로 가 있는 김규식 박사가 어려움을 겪고 있다. 위임통치를 요청하려면 뭐하러 파리까지 갔느냐? 그러니 불필요한 오해를 낳은 위임통치 청원을 철회한다는 성명서를 내는 게 어떻겠느냐?"고 건의하기도 했다.

임시정부 수립 후 대통령과 국무총리 간의 갈등은 영국 정보국 보고서에서도 확인되는데, 영국 정보국은 1920년 전후 「대한민국 임시정부」

보고서에서 "3·1운동의 성격, 독립운동자금 흐름, 의열단 등 비밀결사 단체 등에 대한 분석과 더불어 국무총리 이동휘와 대통령 이승만은 견해 차이로 국무총리 이동휘가 사임하고 상해를 떠났다"고 평가하였다.

임시정부가 정부로서 기능을 못한 또 다른 이유는 이승만을 비롯해 선출된 국무위원 대부분이 상해에 부임하지 않았다는 것도 원인이 되었다. 대통령에 선출된 이승만은 워싱턴에 있으면서 부임하지 않았고, 국무총리 이동휘는 상해에 왔지만 취임을 보류하였다. 법무총장 신규식은 항저우에서, 내무총장 이동녕과 재무총장 이시영은 베이징에서, 그리고 군무총장 노백린과 학무총장 김규식은 미국에 있으면서 취임하지 않았다.

통합정부 출범이 늦어지자 신익희는 우선 선임된 각료들의 취임을 촉구하고, 현순을 베이징으로 보내 이동녕과 이시영을 오게 하였다. 신익희는 항저우로 직접 가서 신규식을 모셔왔다. 우여곡절 끝에 1919년 11월 3일 국무총리 이동휘를 비롯하여 신규식, 이동녕, 이시영, 안창호 등이 참석한 가운데 임시정부의 공식 취임식이 거행되었다. 이로써 통합임시정부가 공식 출범하였다.

이렇게 국무총리를 비롯하여 일부만이 어렵게 모였지만 이승만 대통령은 여전히 미국에 있으면서 상해에 부임하지 않아, 정상적인 정부기능은 수행될 수 없었다. 신익희는 임시정부의 파행을 보면서 그 해결책으로 대통령이 상해로 부임하는 길밖에 없다고 생각하고, 임시의정원을 통해 대통령의 상해부임을 촉구하였다. 1920년 3월 19일 신익희는 윤현진尹顯振, 계봉우桂奉瑀, 윤기섭尹琦燮 등 17명의 의원과 함께 다음과 같은 대통령래도촉구안大統領來到促求案을 임시의정원에 제출하여 통과시켰다.

대통령래도촉구안

• 본문

임시의정원은 임시대통령 이승만 박사를 향후 2개월 이래로 임시정부에 오게 함을 제의함

• 이유

신국가건설의 벽두에 내외인심의 통일에 미흡하고 만반의 정부가 부진함은 오인吾人의 유감으로 사 하는 바라 전 민족의 사명을 부하여 광복의 대업을 충성하려는 아我 정부의 제 수뇌는 의당 일처에 취합하여 국가건설의 대계를 확립하고 만반의 국무를 기민機敏히 집행하여 전 국민이 정부의 주의 방침 하에 일치一致히 행동하고 원만히 진행함이 목하目下의 최선급무라 임시대통령은 국가의 원수로 원지遠地에 구거久居하여 국무를 친행치 못하므로 많은 지장과 체섭滯涉이 유有하였도다. 그러나 이는 다 중대한 외교의 관계이었으나 이금而今에는 외교의 사무도 점진하고 우又 김대사金大使와 서재필徐載弼 박사가 우 사무를 우 양씨에게 위탁 전행케 함에도 별 영향이 무無할 지오. 정부의 만기정무萬機政務를 수습정돈收拾整頓하여 현 불가피의 독립혈전獨立血戰을 개시하려면 임시대통령이 임시정부에 칠립親臨함이 필요한 소이所以라.

대한민국 2년(1920) 3월 19일

이승만

이동휘

김규식

대통령래도촉구안은 이승만의 상해부임을 통해 임시정부의 분란을 종식하고 임시정부의 지도력을 회복하기 위한 것이었다. 이를 계기로 대통령의 상해부임을 촉구하는 여론이 높아지자, 이승만은 결국 1920년 12월 5일 상해로 왔다. 대통령이 부임하면서 임시정부가 정상화되기를 기대하였지만 임시정부의 분란은 그치지 않았다.

이승만이 임시정부에 대한 운영이나 독립운동에 대한 별다른 방안을 준비하지 않은 것도 원인이지만, 이승만의 외교노선을 둘러싼 국무위원들과의 심각한 대립도 주요 원인이 되었다. 당시 이동휘는 연해주에서 한인사회당을 조직하고 무장투쟁을 독립운동 방략으로 여기고 있었지만, 이승만은 미국에서의 외교활동을 강조했다. 이러한 독립운동 노선 갈등이 대통령과 국무총리·국무위원 사이에 형성된 대립과 불신의 가장 큰 요인으로 작용하였다. 결국 1921년 1월 26일 국무총리 이동휘는 사임하였고, 김규식·노백린·안창호 등 각원들도 사퇴하였다. 그러자

노백린

안창호

신규식

이승만도 사직의 뜻을 밝히고 1921년 3월 상해를 떠나 항저우, 소저우 등지로 여행을 떠나 버렸다.

그때 신익희는 장붕張鵬과 함께 이승만을 찾아가 설득하였다. 구체적으로 어떻게 설득했는지는 확인되지 않지만, 이승만은 다시 상해로 돌아와 1921년 4월부터 5월 초까지 임시정부 조직을 재정비하였다. 법무총장 신규식으로 하여금 국무총리를 겸임하고, 손정도(교통), 조완구(내무), 이희경(외무), 김인전(학무), 이시영(노동국총판), 신익희(국무원비서장)를 선임하였다. 그러나 이승만은 그해 5월 17일 '외교상 긴급과 재정상 절박'하다고 하여 다시 상해를 떠나는 교서를 임시의정원에 남기고 잠적하였고, 5월 29일 결국 상해를 완전히 떠났다. 이승만은 상해 임시정부 부임 6개월 만에 다시 미국으로 간 것이다.

신익희는 국무원비서장을 맡긴 했지만 이승만이 임시정부를 외면하자 이승만 대통령 불신임운동을 벌였다. 1922년 6월 10일 이승만 대통령 불신임안이 제10차 임시의정원에 상정, 6월 17일 가결되어 통과되었다. 당시 이승만 대통령 불신임안은 신익희의 동의하에 이루어졌다.

이승만 대통령 불신임안

- 현임 임시대통령 이승만이 피선된 지 불과 4년에 인민의 불신임이 현저하여 각지에서 반대가 날마다 증가되며, 그 영향이 임시정부에 미치는데 민중을 융화하지 못하고 감정으로써 민중 여론을 배척하는 까닭에, 민중에 분규와 파쟁이 조장되고 정부 후원이 타락되어서 독립운동이 침체 상태에 빠져 있다.
- 현임 임시대통령 이승만이 대미외교사업을 빙자하고, 미주에서 동포가 정부에 상납하는 재정을 수합하여 임의 용지하였고, 정부 행정을 돌아보지 않았으며, 국제연맹과 열강 회의를 대상으로 하던 구미외교사무가 중단됨에도 불구하고, 헛된 선전으로 동포를 유혹하며 외교비 모집을 계속하여서 그 재정으로 자기의 동정자를 매수하고 있다.
- 국무원이 총사직을 제출하였으나, 임시대통령이 그 사직청원을 처리하지 못하고, 몽매한 처사로 여러 번 국무총리를 임명하였는데, 매번 당사자가 알지 못하게 독단적 행사를 하여서 혼란을 계속할 뿐이고, 아직도 정부를 정돈하지 못하고 있다.
- 국무원은 총사직을 발표한 지 여러 달이 되었으나, 아직도 거취를 작정하지 못하고 다만 임시대통령의 처사를 기다린다고 하며, 곤란한 시국에 대책 없이 앉아서 감정적 행동으로 정부 위신을 타락하고 있다.
- 이상의 사실이 임시대통령 이승만과 국무원 불신임안 제출의 이유이다.

이후 임시정부는 내각을 구성하지 못하였다. 신익희는 이승만을 도와 임시정부의 권위와 지도력을 회복하려고 했지만 수포로 돌아갔고, 그에 대한 실망은 매우 컸다. "신익희와 이승만의 선연善緣과 악연惡緣의 변주곡이 시작"되었다.

국민대표회의 개최를 주장하다

대한민국임시정부가 수립되었지만 독립운동 노선, 그리고 이승만의 위임통치론 등으로 베이징과 노령을 중심으로 임시정부를 부정하는 움직임이 확산되었다. 이중 대표적인 것이 독립운동의 통일적 운동을 위한 국민대표회의 소집요구였다. 신익희도 독립운동계의 통합을 목적으로 1922년 3월 국민대표대회의 소집 건의안을 제출하였다.

국민대표회의는 가장 먼저 김창숙·박은식·최동오·원세훈·왕삼덕 등 15인이 1921년 2월 「아我 동포에게 고告함」이라는 성명서를 통해 독립운동 방침의 통일을 위한 국민대표회의 소집을 제창하면서 시작되었다.

베이징에서는 신채호가 1921년 4월 김현·원세훈·이한영 등 임시정부 반대파와 함께 임시정부의 모든 사무인계를 요구했으며, 박용만·신숙·신채호를 비롯한 8개 단체 대표들은 베이징에서 군사통일회의를 개최했다. 이 회의에서는 처음에는 만주 노령 방면에서의 군사방침과 무장독립단체들을 통일적으로 지도할 군사기관의 신설문제를 논의했지만, 이승만의 위임통치청원 사실이 알려지면서 임시정부 불신임을 결의하고 국민대표회의 소집을 주장하였다. 만주 지역에서도 여준·김동삼 등이 1921년 5월 액목현회의額穆縣會議에서 정부와 의정원의 개조를 주장하고 국민대표회의 소집을 추진하였다.

이러한 움직임은 상해에서도 일어나고 있었다. 1921년 5월부터 여운형·안창호 등이 국민대표회의 소집문제를 본격적으로 제기한 것이다. 특히 임시정부를 실질적으로 주도해 왔던 안창호는 5월 19일 국민대표회의 소집을 공개적으로 촉구했다. 이후 국민대표회기성회가 구성되어 20여 명의 조직위원까지 선출하였다.

국민대표회의 소집요구에 대해 조완구·윤기섭 등 45명의 임시정부 지지세력은 임시정부와 이승만을 옹호하는 성명을 발표했고, 신규식·이시영 등은 협의회를 조직하여 임시정부 옹호의 입장을 밝혔다. 그러나 상해·베이징·텐진·난징·하와이 등지의 국민대표회주비회의 성립을 막지는 못하였다.

그런데 당시 독립운동계는 워싱턴회의(1921. 11~1922. 2)와 극동인민대표자회의(1922. 1~2)에 큰 기대를 갖고 있던 터라 국민대표회의 소집은 잠시 보류되었다. 그러나 두 회의가 특별한 성과 없이 끝나자 국민대표회의 소집요구는 한층 커졌다. 이에 따라 국민대표회주비회는 활동을 재개하여 1922년 5월 10일 소집선언서를 발표하고 9월 1일 국민대표회의를 개최한다는 것을 각 지역 독립운동단체에 알리면서 초청장을 발송했다.

한편 1922년 3월 11일 신익희를 중심으로 임시정부 내에서도 국민대표회의 소집을 위한 건의안이 제출되었다. 즉, 신익희·양기하·손정도·연병호 의원들은 "독립운동에 관한 일체 강령·방략·정책을 원만히 협의하여 적법하고 합리적으로 신속히 실행시키기 위하여 내외 각지 단체의 대표와 내외 각지의 신망이 있고 지식이 특정한 인사를 망라한 대회의를 가급적 속히 소집할 일을 임시정부에 건의"한다는 안을 제출하였다.

이미 1922년 2월 8일 임시의정원 제10회 회의에서도 국민대표회의 소집을 요구하는 쪽과 이를 저지하려는 정부유지파로 나뉘어 공방이 이어졌던 상황에서 신익희는 국민대표회의 소집을 주장한 바 있었다. 신익희의 입장은 임시정부 내무부에서 같이 활동했던 안창호의 입장과도 무관하지 않았다. 당시 안창호는 1921년부터 독립운동가들과 협의한 결과 임시정부의 개혁을 목적으로 국민대표회의 개최를 적극적으로 추진하고 있었다. 1922년 4월 6일에는 안창호가 연설회를 열어 가장 중요한 당면 과제로 국민대표회의를 소집하는 일이라고 밝히고, 모스크바에서 돌아온 여운형과 함께 국민대표회의 소집을 본격적으로 논의하였다. 임시의정원 내에서도 국민대표회의 개최를 주장하는 천세헌 등 102명이 서명한 「인민人民의 청원안請願案」을 가결하였고, 오영선을 비롯한 5명 의원이「대통령 및 현임 각원 불신임안」을 1922년 6월 12일 임시의정원에 상정하여 통과시켰다.

그러한 가운데 임시정부는 1922년 6월 1일자 『독립신문』 사설 「우리 임시정부의 현재와 장래」에서 국민대표회의 소집을 반대하는 입장을 밝혔다. 김구·여운홍도 임시정부의 입장을 지지했다. 반면 신익희는 1922년 6월 24일자 『독립신문』에 국민대표회의 찬성 및 참석 필요성에 대해 재차 밝혔다.

나는 먼저 의정원議政院에서 국민대표회의를 왜 찬성하였는지 그 이유를 말하겠소. 우리가 국민대표회의를 왜 찬성하기로 되었는가. 첫째는 다른 방법을 시험하였으나 여의치 아니하였음이니 정부나 의정원에서 종전에 다른 방법으로 시국을 시험한 결과 잘 안 되었소. 그러나 나의 가졌던 주장이나 의견이나 버릴 수가 없다 하여 남의 하려는 것을 못하게 함은 사람의 할 일이 아니므로 지금 우리 국민대표회의를 찬성하게 되었고, 둘째는 국민대표회의 주의가 우리의 정부나 의정원을 무시하는 기분이나 사조가 있었으나, 지금은 그런 태도가 없으므로 지금은 이 국민대표회의를 찬성하게 되었고, 셋째는 인민의 청원을 존중히 여김이니 상해는 다른 지방보다 년래 특수한 지역이 되어 각 지역에서 독립운동자가 모였으므로 불과 600~700이나 천 명 이내의 소수인민이 거주한다 할지라도 다수인민이 치우쳐 있는 다른 지방의 인민보다 중요시 아니 할 수 없는 견지에서 인민 일백이인의 청원을 중대시하여 지금은 이 국민대표회의를 찬성하게 되었소.

신익희는 임시정부를 실질적으로 기초한 핵심인물 중 한 명이었다. 신익희에게 임시정부의 가장 중요한 역할은 독립운동을 위한 민족지도기관이었다. 그러나 임시정부가 통일적 지도기관으로 자리하지 못한다고 판단되자 자신이 만든 임시정부에 대한 비판 또한 서슴지 않았다. 그러한 점에서 신익희는 김구나 이승만과는 다른 모습을 지니고 있었다.

시사책진회에 참여하다

1922년 독립운동계의 통합 및 국민대표회의 소집운동을 전개하던 신익희는 '시사책진회時事策進會' 조직에 참여하였다. 시사책진회는 1922년 7월 임시정부의 내분 수습과 독립운동계 합의를 이끌어 내고자 도산 안창호가 중심이 되어 조직한 단체로, 『고등경찰관계연표』에는 이동휘 주재 하에 조직되었으며, 안창호가 회장, 여운형·김용철·신익희 등이 간사로 선정되었다고 한다. 이 시사책진회는 신익희를 비롯하여 김구·원세훈·조소앙·윤기섭·이유필·조상섭 등 임시정부 요인과 임시정부 외의 민족세력이 참여하였다.

당시 시사책진회는 발기 취지문에서 "상해 임시의정원, 국민대표주비회, 한형권의 금전사건 등에 관해 각 방면에서 편견을 고집하여 독립운동이 중지된 상태에 빠지자 동지들이 모여 각 방면의 주장과 이익을 충분히 토의한 후 최선의 방책을 결정하고 이것을 실현하고자 노력하는 간절한 모임"이라고 밝혔다.

신익희는 1922년 7월 22일자 『독립신문』 인터뷰에서 "시사책진회는 민족운동의 통합을 목적으로 조직"되었음을 명백히 하였다. 즉, 시사책진회는 국민대표회의 등 시국문제를 장외에서 먼저 토의하여 의견을 수렴하고 공론을 세우고자 한 것이었다. 그러나 7월 28일 열린 회의에서 조소앙, 연병호 등 임시의정원 의원 일부와 이승만 옹호파가 자신들의 의사와 맞지 않는다고 주장하며 탈퇴해 끝내 해체되고 말았다. 차리석車利錫이 송종익宋鍾翊에게 보낸 1922년 7월 30일 서신에는 시사책진회 조

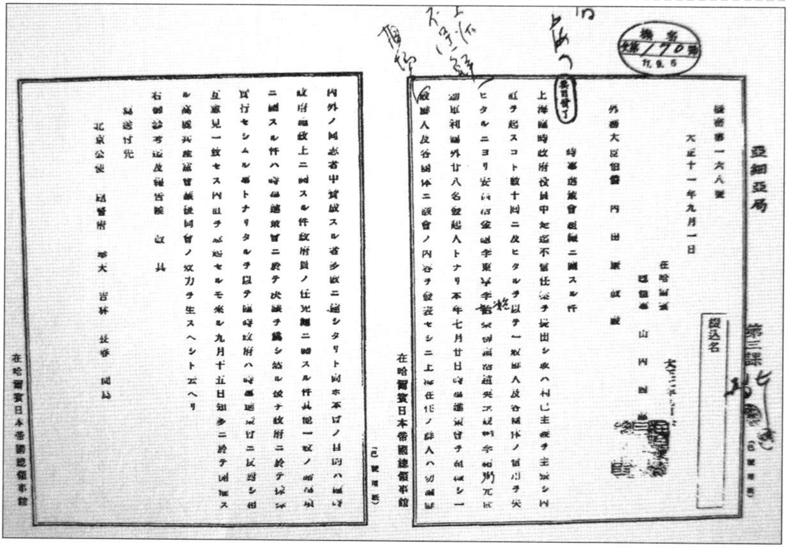

亞細亞局

第三課

機密第一六八號

大正十一年九月一日

在哈爾賓 總領事 山内四郎

外務大臣伯爵 内田康哉殿

時事策進會組織ニ關スル件

上海假政府役員中 [illegible]

[illegible]

内外ノ同志者中賛成スル者多数ニ達シタリト [illegible]

[illegible]

右御參考迄及報告候 敬具

本信送付先

北京公使 [illegible] 長春 [illegible]

在哈爾賓日本帝國總領事館

「시사책진회 조직에 관한 건」(『機密』, 제168호, 1922년 9월 1일)

직 당시 정국과 내부의 갈등이 적혀 있다. 일본도 1922년 9월 1일 「시사책진회 조직에 관한 건」을 통해 시사책진회의 내부 분열에 대해 보고하였다.

> 상해 임시정부 임원 중 지금까지 불신임책을 제출하거나 혹은 이기주의를 주장하여 내분을 일으킨 일이 수십 회에 달하여 일반 한국인 및 각 단체의 신용을 잃었다. 이에 안창호, 이동녕, 이시영, 유진호, 조영, 옥관빈, 이유필, 원세훈, 차리석 외 28명이 발기인으로 되어 금년 7월 20일 시사진책회를 조직하고 일반 한국인 및 각 단체에 개회의 내용을 발표하였다.

상해에 있는 한국인은 물론 조선 내외의 동지자 중 찬성하는 자가 다수에 달하였다고 한다. 또한 본회의 목적인 임시정부 시정에 관한 건, 정부원政府員의 임면에 관한 건, 기타 일반의 제반사항에 관한 건은 시사진책회에서 결의를 한 후 정부에서 …… 실행하기로 하였다. 임시정부는 시사진책회에 반대하여 서로 의견이 일치하지 않아 내분을 야기하였으나 오는 9월 15일 지다知多에서 개최하는 고려공산당회의 후 동회의 효력을 발생할 것이라고 한다.

즉, 시사책진회는 민족운동 단결을 위해 다양한 정파가 참여한 가운데 조직되었지만, 오히려 정파 간의 이해를 극복하지 못한 채 해체되었다.

우여곡절 끝에 독립운동세력의 통합운동은 결국 1923년 1월 3일부터 5월 15일까지 개최된 국민대표회의를 통해 추진되었다. 하지만 신익희는 국민대표회의에는 참석할 수 없었다. 고국에서 어머니와 부인이 정완貞婉, 하균河均 남매를 데리고 베이징으로 망명하자 그들을 보살펴야 했기 때문이었다.

국민대표회의 소집과 시사책진회 참여는 1922년 전후 신익희의 민족운동에 대한 고뇌와 방향을 이해할 수 있다는 점에서 주목할 만하다.

한·중합작을 위한 한중호조사

민족세력의 통합을 위해 상해에서 개최된 국민대표회의는 개조파와 창조파의 첨예한 갈등으로 결국 독립운동세력의 대립만 격화시킨 채 성과 없이 끝나고 말았다. 신익희는 이름만 남은 임시정부에서 독자적 독립운동 방략을 모색하였다. 그중 하나가 한·중합작을 통한 무장독립운동의 추진이었다.

사실 신익희는 중국과의 합작에 대해 오래전부터 관심을 가지고 있었다. 1921년 4월 '한중호조사韓中互助社'를 창립하여, 한·중합작으로 항일독립운동을 전개하자고 한 것이다. 독립운동을 효과적이고 제도적으로 추진하기 위해서는 임시정부와는 별개로 중국 혁명세력과 손잡는 것이 효과적이라고 판단한 것이다. 신익희를 필두로 김규식, 여운형, 조동호, 노백린, 김인전, 원세훈, 이유필 등이 비슷한 생각을 하고 있었다. 이들은 한·중 간의 제도적 유대강화가 한국 독립운동을 효율적으로 전개할 수 있는 지름길이라고 인식한 것이다.

이러한 가운데 '한중호조사'는 한·중 친선은 물론 한국독립과 중국혁명에서 상호협조 하에 경제·상업·교육 방면에 대한 상호원조를 목적으로 1921년 조직되었다. 특히 신익희 등은 1921년 8월 15일자로 태평양회의에 대한 제안과 선언문을 영문으로 번역하여 태평양회의를 주재한 미국 대통령에게 보냈다. 그리고 태평양회의에 대해 다음과 같은 조건을 제출하려고 하였다.

- 1905년과 1910년의 소위 합병조약의 전면무효
- 일본의 정치경제 군사상의 시설 철거
- 한국과 극동공화국의 대표파견
- 한중 두 나라의 주권과 동아평화를 방해하는 일영동맹 취소

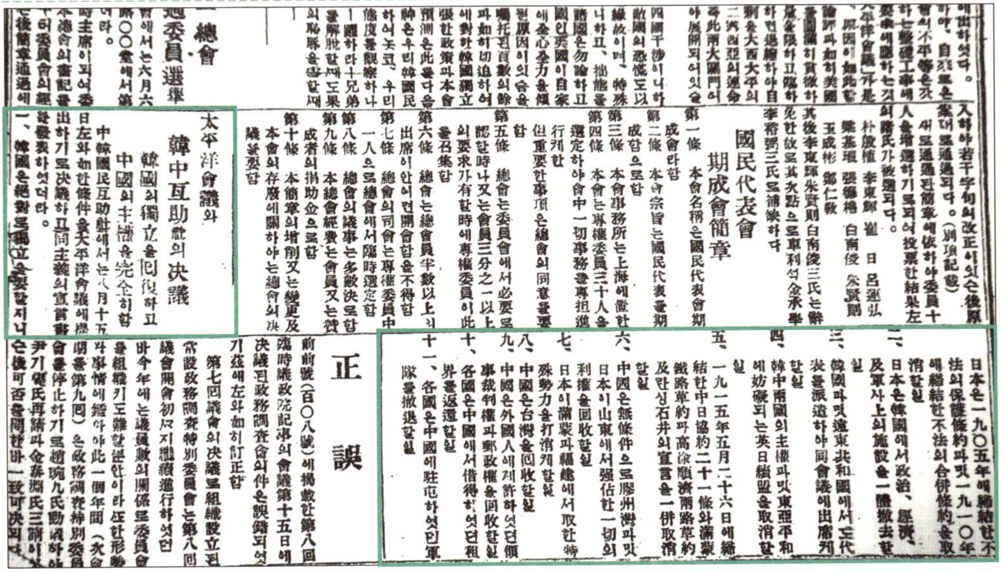

「태평양회의와 한중호조사 결의」(『독립신문』 1921년 8월 15일)

- 중일21개조 등의 취소
- 중국은 요주만과 일본의 산동에서 점유하는 이권 회수
- 일본의 만몽 복선에서 특수세력 취소
- 중국은 대만을 회수
- 중국의 영사재판권과 외국우편국의 철폐
- 각 국은 중국에서 조계를 환부
- 각국은 중국에 있는 주둔병을 철퇴

신익희는 1922년 9월 '한중호조사' 교육부문 간사로 선임되었다. 거

기에는 김규식과 여운형 등 당시 중도적인 인사들도 상당수 참여하고 있었다.

1923년 8월 일본 경찰보고서에 의하면 '한중호조사'는 '한중호조사 기념대회를 개최'하고 총사總社 규칙과 직원 명부를 발표하였는데, 신익희의 이름이 나온다. 신익희의 '한중호조사' 활동이 당시 임시정부의 결정에 의한 것인지는 명확하지 않지만, 한·중합작이 신익희의 독립운동 방략 중 하나였다는 점은 명백하다. 특히 상해 임시정부의 분열과 갈등이 격화되고 국민대표회의 소집운동이 본격화되던 1921년부터 1923년 사이에 신익희가 한중호조사에 참여한 것은 이후 그가 새로운 독립방략을 모색하는 데에도 영향을 미쳤다.

중국 군벌과 연대하다

신익희는 독자적 독립운동 방략을 꾸준히 준비하였다. 한·중합작을 통한 무장독립운동이 그것이었다. 이를 위해 시안西安을 중심으로 활동하고 있던 중국국민당 후징이를 찾아가 분용대奮勇隊를 조직하고 군사교육에 힘을 기울였다. 중국의 혁명과 연계를 맺고 무장 독립운동을 전개하고자 한 것이다.

신익희가 갑자기 무장독립운동을 추진한 이유는 명확하지 않지만, 국민대표회의는 개최 초기부터 새로운 독립운동을 모색하고 있었다. 신익희도 임시정부 수립 시 '군사본위'를 강력하게 주장하였다. 신익희는 『자서전』에서 당시의 상황을 다음과 같이 적고 있다.

임시정부 간판만을 붙들고 있었댔자 큰 발전이 있을 것 같지도 않아 독립운동의 활로活路를 딴 방향으로 개척하지 않으면 안 되겠다고 생각하여 …… 이렇게 선전이나 평화로운 방식으로는 더 이상 독립운동을 추진할 수 없음을 깨닫고 우리 임시정부는 간판만이라도 유지해 나가야 하겠기에 늙고 비교적 활동력이 부족한 독립운동의 원로 동지들에게 맡기고 나는 당시 혁명의 상승기上昇期에 있는 중국 혁명과 연계하여 한중합작韓中合作으로 평소 주장이던 군사행동의 일부를 실현하여 보려 하였다.

즉, 신익희가 후징이를 만난 것은 기존과 다른 노선이었고 평소 생각해 왔던 '군사행동'을 실천하려고 했던 것은 분명해 보인다.

신익희가 후징이와 연계해 무장독립운동을 전개한 이유와 관련해 한 연구자는 노병회老兵會 관련 자료를 기초로 "1922년 10월 임시정부 인사들을 주축으로 독립전쟁에 대비한 군인양성과 군비모집을 위한 한국노병회가 결성되고, 이때 신익희는 오영선吳永善과 함께 노병회의 지침에 따라 후징이를 찾은 것"이라고 한다. 그리고 오영선은 노병회의 특별회원으로 활동하던 인사로, 한국노병회와 신익희의 관계를 밝혀주는 자료가 분명치는 않지만 신익희의 평소 주장과 후징이와의 친분을 감안하면 노병회 차원에서 파견된 것이 아닌가 라고 보았다.

지난 7일 여운형·김구·김인전·조동호·박은식·이유필·김홍서·박진우·김현구·최준·조상섭 등 약 15명은 프랑스조계 보강리 24호 조상섭 집에서 회합하고 장래의 독립전쟁 준비를 위해 군인의 양성과 군사에 관한 준비를 목적으로 하는 노병회라는 것을 조직하고 입회금 10원 및 매년의 의연금을 3원으로 정하여 각 지방에 연락을 취하기로 결의하고 산회하였다. 그런데 이에 앞서 오영선·신익희 두 사람은 이 회에서부터 오패부吳佩孚의 사령관 후이징胡慶益에게 파견되었는데 지난 8일에는 또 김홍서·조상섭 두 사람을 하남의 펑위샹馮玉祥에게 파견하였다. 위 파견원이 가지는 내용은 아직 판명되지 않았지만 현재 궁핍한 지경에 빠져 있는 다수 청년을 구제하고 한편으로 군사교육을 받게 하는 교섭의 용무를 띤 것이 아닌가 생각된다.

어떤 연유로 신익희가 후징이를 찾아갔는지는 명확하지 않지만, 신익희의 한중합작을 통한 무장 독립노선은 후징이가 있었기 때문에 가능했다. 이는 신익희로서는 기존과 다른 새로운 독립운동 방략을 모색하는 길임에는 틀림없었다. 단순히 한·중합작이 아니라 한·중합작을 통해 무장독립운동을 전개하겠다는 구체적인 방략인 것이다. 이러한 과정에서 신익희는 임시정부와는 멀어지고 있었다.

후징이(1892~1925)는 중국 산시성 시안 출신으로 중국 신해혁명에 참여한 군인이었다. 1912년 일본으로 건너가 호연학사浩然學社에서 수학하였는데 그 때 신익희와 교류한 적이 있었으며, 귀국 후 신시성을 무대로 활동하였다. 1924년 10월 북벌北伐을 일으킨 쑨원의 베이징 진출에 크게 공헌한 바 있지만, 1925년 5월경 급서하였다. 후징이는 한국 독립운동에 많은 이해를 갖고 있었던 인물로, 신익희를 고문으로 추대하고 육군 중장으로 서임하였다.

신익희는 후징이의 지원으로 중국인 300명, 한국 청년 200명 등 한·중 양국 청년을 모집하여 군사교육을 실시하였다. 일종의 유격부대인 분용대奮勇隊를 편성 국내 진격을 위한 군사작전을 구상하였는데, 이를 위해 신흥무관학교 졸업 후 의열단 단원으로 활동하던 성주식成周寔을 북만주로 초빙하여, 분용대 연성대장으로 임명 후 교육훈련 및 국내진공작전을 준비하기도 하였다.

신익희는 후징이와 함께 분용대 설치만이 아니라, 중국국민당, 중국공산당의 거두 등과 교유交遊하여 한·중합작을 추진하고, 중국 몇몇 대학에서 교편을 잡아 문화文化합작도 시도하였다. 그러나 후원자인 후징이가 갑자기 사망하면서 좌절되었다. 1926년 장제스(장개석蔣介石) 등과 난창南昌에서 만나 분용대의 병력과 훈련 상황을 이야기하고 한·중합작으로 한·만韓滿 국경의 일본군 토벌을 건의했지만, 장제스는 당시 북벌을 통한 국민혁명에 주력하던 터라 신익희는 뜻을 이루지 못하였다.

04 좌파 무장독립운동의 길로

한국혁명당 결성

후징이가 죽은 후 신익희는 시안을 떠나 난징으로 옮겼다. 후징이의 각료로 있던 위유런(우우임于右任)의 소개에 의해서였다. 위유런은 쑨원(손문)과 함께 혁명을 일으켜 활동한 인물로, 장제스가 수립한 난징정부의 심계원장審計院長으로 있었다. 신익희는 그의 배려로 1927년 난징정부의 심계원에서 근무하게 되었고, 난징대학南京大學에서 교편을 잡기도 하였다.

난징정부 심계원에 근무하면서 신익희는 다시 한국독립운동계와 관계를 맺기 시작했다. 당시 난징에는 적지 않은 한인들이 있었다. 난징정부 및 중국군에 복무하고 있던 김홍일·성주식·최용덕, 무정부주의계열의 나월환, 좌파계열의 정태희, 그리고 상해에서 한국독립당에 불만이 있던 윤기섭·연병호·김사집 등이 1932년 1월 한국혁명당韓國革命黨을 결성한 것이다. 한국혁명당은 신익희와 윤기섭만 임시정부에서 활동한 경력이 있었고 다른 인물들은 중국 정부나 중국군에 복무한 인물들이거나 임시정부와 별다른 관계없이 활동한 인물들이 대다수였다.

다양한 인물들과 함께 한국혁명당을 결성할 수 있었던 것은 당시 신익희의 성향과도 무관하지 않다. 신익희는 새로운 독립방향을 모색하면서 국민대표회의 소집을 주장하였고, 후징이와 함께 무장투쟁노선을 직접 경험했다.

특히 한국혁명당을 함께 만든 윤기섭은 신익희에게 특별한 존재였다. 신익희 가족들이 상해로 왔을 때 프랑스 조계에서 윤기섭과 3개월간 함께 살았다. 그리고 후징이 부대의 분용대를 통해 각별한 관계였던 성주식과 윤기섭은 중국에 망명하여 신흥무관학교 시절부터 해방 이후까지 함께 활동한 동지였다. 또한 윤기섭은 여운형이 세운 인성학교仁成學校의 교사였고, 당시 학교 교장은 김두봉金枓奉이었다. 즉, 신익희 주변에는 다양한 이념적 성향의 사람들이 있었다.

당시 독립운동계열 내에서도 중국국민당과 같이 민족대당을 결성하여, '당으로 나라를 다스려야 한다'는 '이당치국以黨治國' 주장이 대두하였다. 1920년대 후반 민족통일전선적 민족유일당운동은 소기의 성과를 거두지 못하고 좌절되었지만, 당시 독립운동 방략 중 하나로 자리하였다.

결국 신익희는 1922년 무장투쟁노선을 경험했고, 이를 위해 한·중합작도 추진한 적이 있었다. 특히 1926년 베이징에서 결성한 '대독립당조직북경촉성회'에 참가한 이후 민족대당운동의 필요성을 인식하고 있던 신익희는 무정부주의계열, 좌파계열과의 연합이 그리 큰 문제가 되지 않았다.

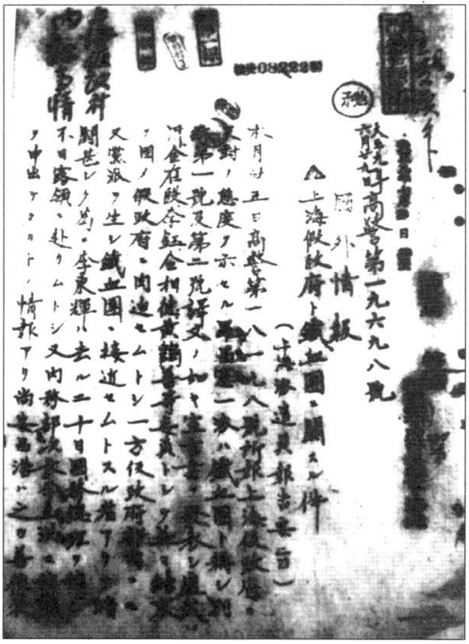

임시정부와 철혈단에 관한 건

그런데 임시정부계열에서 보면 한국혁명당과 신익희는 좌파로 인식될 수도 있었다. 임시정부 또는 한국독립당 측에서는 한국혁명당에 참여한 인물들을 보는 시선이 곱지만은 않았다. 실제 임시정부에 불만을 가진 좌파 인사들도 상당수였다. 이 때문에 상해 한국독립당에서는 한국혁명당을 '백적흑白赤黑의 혼혈아'라고 비난하기도 하였다. 하지만 당시 신익희를 좌파로 규정하는 것은 무리이다. 오히려 다양한 사상을 포용할 수 있는 사람으로 보아야 할 것이다. 신익희는 민족독립을 위해서 필요하다면 다양한 사상을 받아들일 수 있는 민족주의자의 길을 걸어가고 있었다.

신익희는 한국혁명당을 결성하면서 정당의 주요 지도자로 급부상하였고 이후 한국혁명당 대표 자격으로 다양한 민족통일전선운동을 전개하였다. 한국혁명당 설립시기와 관련해, 『독립운동사』 제4권(임시정부사)에는 1929년 난징에서 조직되었다고 하고, 1932년 1월 11일 발간된 『상해신문上海新聞』 제2호에서는 1932년 1월 전후에 결성된 것으로 기록되어 있다.

창립 당시 발기인은 신익희를 필두로 민병길, 윤기섭, 성주식, 연병호, 최용덕, 안재환, 김홍일, 염온동 등이었다. 한국혁명당은 창당 목적을 "사상의 정화와 독립운동 진영의 단결을 꾀하는 것"으로 규정하고 산하에 철혈단鐵血團을 조직하여 무력 행동대로 삼았다. 철혈단 단장에는 안재환이 선출됐으며 중견 단원으로는 김창화·나월환·이건호·이영희·최경수 등이 활동하였다. 기관지로 『우리의 길』을 발간하여 독립사상을 고취하고 단원 훈련과 교양에 이바지하였다. 철혈단은 조직을 난징과 상해에도 두고 있었다. 당시 한국혁명당 이사장은 윤기섭, 총무 정태희, 외무 신익희 등이었다.

한국대일전선통일동맹에 동참하다

신익희는 1930년대 초 중국 관내에서 당 대 당 통합의 민족통일전선운동에 참여하였다. 신익희가 민족통일전선운동에 적극 참여한 것은 당시 정세변화와 관련이 있다. 1931년 9월 일본의 만주침공과 1932년 2월 일본의 상해사변 도발로 인해 대일항전에 민족의 역량을 모을 필요성이 커졌고 민족협동전선 형성문제가 당면과제로 떠올랐다. 특히 윤봉길 의거를 기폭제로 임시정부 중심의 독립운동세력이 종래의 외교독립론, 실력양성론 노선을 청산하고 적극투쟁으로 전환했다는 점도 작용하였다. 1930년대 민족협동전선은 단순히 통합이 아니라 1920년대 후반기에 있었던 민족유일당운동의 연장이었으며 그 범위는 좌우파 세력까지 포함한 통일이었다. 이러한 민족협동전선운동이 최초로 결실을 맺은 것이 1932년 한국대일전선통일동맹韓國對日戰線統一同盟의 결성이었다.

1932년 10월 중국 관내 독립운동진영에서는 협동전선 구축 움직임이 본격화되었다. 1932년 10월 초순 최동오와 함께 상해에 도착한 김규식은 한국독립당의 이유필 등을 만나 통일기구 조직방안을 협의하였다. 발기인은 한국혁명당의 신익희·윤기섭을 필두로, 한국독립당의 이유필·송병조·김두봉, 조선혁명당의 최동오, 조선의열단을 대표한 한일래·박건웅 등 9명이었다. 즉, 10월 12일 신익희의 한국혁명당(난징)과 한국독립당(상해)·조선혁명당(남만주)·의열단(난징)·한국광복동지회의(베이징) 등 5개 단체가 중심이 되어 각단체연합회주비회各團體聯合會籌備會를 구성하였다.

각단체연합회주비회는 신익희와 김규식·김두봉·박건웅·최동오 등 5명을 주비위원으로 선출하고, 연합의 성격, 대표자 수, 자격 등에 관한 것을 일임하였다. 이들 5명은 10월 23일 각 단체 연합의 명칭은 한국대일전선통일동맹으로 하고, 조직의 성격을 협의기관으로 할 것, 대표 수는 9명으로 하고 그 자격은 당해 단체의 전국 신임장 또는 위임장을 교활할 것 등을 결정했다. 1932년 11월 5일 제1차 집행위원회에서는 최동오·신익희·김두봉·김규식·이진선 등을 상무위원으로, 각 당 대표를 중앙집행위원으로 선정하였다. 그리고 11월 10일 한국대일전선통일동맹 결성 선언문과 규약을 다음과 같이 공포하면서 정식 발족하였다.

선언서

오등 유일의 출로는 일본제국주의의 통치를 전복하고 오등의 독립 자유를 획득하기 위한 투쟁을 적극적으로 전개함에 있어서 당면의 제일 긴급 중요 사는 전선 통일의 문제이다. 본 문제의 원만한 해결 없이는 오등 자신의 혁명 운동을 힘차게 추진할 수는 없다. 이것은 이미 각국 혁명의 역사가 증명하는 바로, 또한 오등 자신의 쓰라린 실험으로 극히 명백하다. 고로 오등은 종래의 일체의 장해를 타파하여 분연 궐기하여 대일전선통일동맹을 조직하여 일체의 반일 혁명 세력을 집중하여 그 활동의 통일에 관한 모든 임무를 실현하기 위하여 충실히 분투할 것을 자에 서약한다.

규약(1933. 4. 2)

제2조 〈강령〉은 좌와 같다.

1. 우리는 혁명의 방법으로서 한국의 독립을 완성코자 한다.
2. 우리는 혁명역량의 집중과 지도의 통일로써 대일전선의 확대강화한다.
3. 우리는 필요한 우군(친우의 군사)과 연결한다.

제3조 우리는 강령을 승인하고 실현을 위하여 투쟁을 약속하는 모든 한국의 혁명 당파와 유력한 혁명적 민중단체와는 집행위원회의 결의에 따라 가맹을 허락한다.

제5조 본동맹은 집행위원 9명 내지 15명으로서 집행위원회를 조직하고 동맹의 사업을 진행한다.

제6조 집행위원회 상무위원 5인 또는 7인을 호선하여 일상사무를 처리한다. 부서분담은 따로 정한다.

제7조 집행위원회는 필요에 따라 본동맹의 지방지도부를 설치한다.

선언문에서는 통일동맹이 중국 지역 민족운동의 연합전선체임을 밝히고, 나아가 국내외의 모든 독립운동단체들을 망라한 전선통일을 이루기 위해 결성되었음을 천명하였다. 그리고 「규약」 제2조에서 통일동맹은 민족운동전선의 연합체적 조직으로 발전시키는 한편 중국 정부와 제휴하여 항일투쟁을 전개할 것을 분명히 했다.

한국대일전선통일동맹은 1920년대 후반 이후 중국 관내 지역에서 활동하고 있던 좌파성향의 단체와 우파성향의 단체가 합작 형태로 출범한 것이다. 서로 다른 정치적 견해와 세계관을 극복하며, 독립운동이라는 민족적 과제를 위해 연합적인 민족협동전선을 표방하고, 그 구심점 역할을 자임하였다. 특히 항일투쟁역량은 '충실한 민중의 기초' 위에서 분출된다고 인식하고, '직접 군사적 행동'을 투쟁수단으로 채택하였다. 창립 후 한국대일전선통일동맹은 중국 지역 '혁명집단의 총집합체'임을 표명하고, 조선혁명당을 통해 만주 지역의 항일단체와 연락을 취하는 한편, 재미한인사회에도 손을 뻗쳐 몇몇 단체의 가맹을 이끌어 냈다.

신익희는 한국대일전선통일동맹에서 최동오, 김두봉, 김규식, 박건웅 등과 함께 상무위원으로 조직 초기부터 깊게 관여하였다. 독립운동사의 관점에서 보나 신익희의 관점에서 보나 민족통일전선운동의 첫 결실이었다. 그러나 한국대일전선통일동맹은 단순한 협의체의 성격만 지니고 있었기 때문에 민족운동의 고립 분산적 활동을 극복하지는 못하였다. 따라서 이러한 한계를 극복하고 명실상부한 더 견고한 민족통일전선 결성을 위해 스스로 해체하고 민족혁명당으로 발전하게 되었다.

신한독립당 창당

만주의 한국독립당은 김좌진이 희생된 것을 계기로 민족주의 세력이 모여 1930년 7월 북만주에서 창당한 정당이었다. 이들은 일제의 만주사변과 괴뢰 만주국의 건설로 인해 만주에서 활동이 곤란해지자 1932년 11월에 본부를 베이징으로 이전하고 새로운 활로를 모색하고 있었다. 한국혁명당은 조직의 확대와 독립운동 역량강화라는 측면에서 만주에서 항일독립운동을 전개한 한국독립당과 합당을 원했다. 이러한 상황에서 신익희·윤기섭 등 한국혁명당 대표들은 한국독립당과의 연계를 추진하여, 1934년 2월 25일 신한독립당新韓獨立黨을 결성하였다.

이때 한국독립당의 홍진과 한국혁명당의 신익희의 역할이 컸다. 처음에는 한국독립당의 신숙이 상해에서 한국혁명당과 교섭하였으나 이들의 반응이 시원치 않자 신숙의 보고를 받은 홍진은 한국독립당 임시중앙집행위원회를 소집하여 이 문제를 논의하였다. 홍진은 한국혁명당과의 합당을 위해 김원식과 함께 난징으로 내려갔다. 난징 성내 화패로花牌路 태평太平여관에 숙소를 마련하고 1934년 2월 한국혁명당의 윤기섭·연병호 등을 만났다. 양당대표 간 협의는 순조롭게 진행되었다. 이후 한국혁명당의 신익희와 한국독립당의 홍진 등이 제휴를 모색한 결과, 1934년 2월 25일 난징에서 회합하고 각지 독립운동전선의 통일을 강화하기 위해 양당을 해체시켜 신한독립당을 결성하기로 하였다.

그리고 3월 1일부터 8일까지 난징에서 신익희·윤기섭·성주식 등 한국혁명당 대표와 홍진·신숙·김상덕 등 한국독립당 대표들이 만나 신당의 간부를 선출하였다. 창립 당시 신한독립당의 간부는 다음과 같다.

중앙위원장 홍진　　총부위원장 윤기섭　　조직위원장 김원식
선전위원장 연병호　　군사위원장 이청천　　민중위원장 조경환
조직위원장 조성하　　교섭위원장 신익희

신한독립당의 당의黨義와 강령은 다음과 같이 제정하였다.

당의

본당은 민족주의를 기초로 하는 정권·생계·문화의 독립과 민주적 신건설을 완성하고 전 세계 인류의 평등·행복을 촉진한다.

신한독립당은 중앙집권제의 민주공화국 건설을 표방하며, 토지와 생산기관의 국유화 등을 강령으로 채택하였다. 그리고 민중의 조직화와 대중투쟁의 병행 등을 독립운동 방략으로 설정했다. 특히 토지와 생산기관의 국유화 등을 강령으로 채택했다는 사실은 신한독립당의 성격을 간접적으로 이해할 수 있다.

당의에서는 "민족주의를 기초로 하는 정권·생계·문화의 독립과 민족적 신건설을 완성하여, 전 세계 인류의 평등·행복을 촉진"한다고 하였다. 당략으로는 첫째, 국내외의 민중을 조직 훈련한다. 둘째, 대내·대외의 선전을 확대한다. 셋째, 무력행동과 대중투쟁을 병행한다. 민족 전체 혁명역량의 분화를 방지하고, 그 집결에 노력한다. 넷째, 무산대중의

新韓獨立黨組織

昨年八月頃에吉林等地의有力한人士들이現下의絶危를救援하고獨立運動의實績을收키爲하야新韓獨立黨을組織하고事業을着着進行中인대그組織方法은委員制를用하야最高機關으로常務委員會가잇고內에庶務、政治、軍事、産業、財政、敎務、司法、警護의八部를置하야各各黨務를分擔實行케하고또黨員된者는各其一個以上의專門技能을必修하야個性의完成을期하고黨員의責任을克遂케함이同黨의理想的定則이라더라

신한독립당 조직 관련 보도(『독립신문』 1923년 3월 7일)

일상 이익투쟁을 지지한다. 제국주의 일본의 혁명과 동란을 촉성한다. 다섯째, 전 세계 각 민족의 혁명세력과 연합전선을 구성한다. 여섯째, 제국주의 일본을 타도하기 위해서는 각국의 어떠한 세력과도 연락한다는 것 등이었다.

신한독립당은 후에 단일 통합된 정당 조직을 주장했던 한국대일전선통일동맹에 가담했다가 1935년 7월 5일 성립된 민족혁명당에 참여함으로써 해체되었다.

신한독립당은 특별한 활동을 하지는 못했지만, 신한독립당 창당은 큰 의미가 있다. 신한독립당은 만주와 관내 지역 독립운동세력의 연합체였고, 그 최초의 성과였다. 뿐만 아니라 임시정부 인사들이 중심이 된 상해의 한국독립당과 김원봉을 중심으로 한 의열단이 주도하던 상황에서,

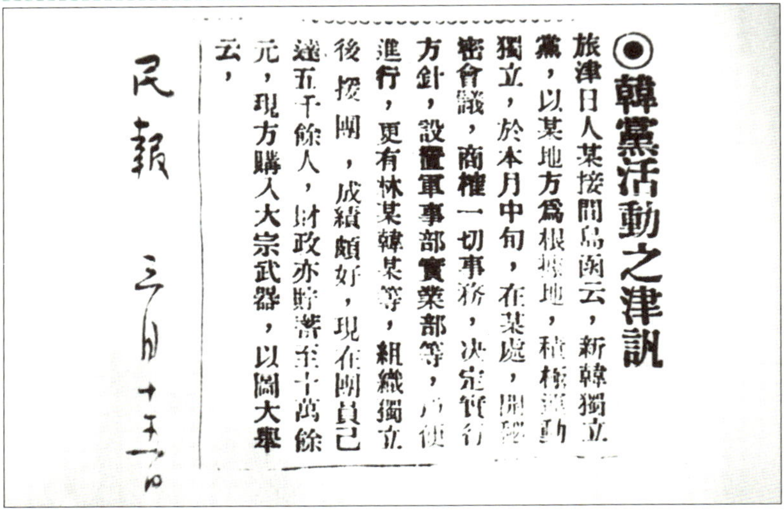

◉韓黨活動之津訊

旅津日人某接間島函云，新韓獨立黨，以某地方爲根據地，積極運動獨立，於本月中旬，在某處，開秘密會議，商榷一切事務，決定實行方針，設置軍事部實業部等，以便進行，更有林某韓某等，組織獨立後援團，成績頗好，現在團員已達五千餘人，財政亦貯蓄至十萬餘元，現方購入大宗武器，以圖大舉云，

民報

신한독립당 활동에 관한 보도(『민보』 3월 21일)

신한독립당이 주요한 세력으로 등장하게 되었다. 이런 의미에서 신한독립당 창당은 낮은 단계의 정당통합운동의 본격적 시작을 의미하였다. 그리고 이러한 정당통합운동의 중심에 신익희가 있었다.

민족혁명당 결성에 참가

일본의 만주침략을 계기로 분산된 전선의 통일에 나서게 된 중국 지역의 독립운동은 1932년 대일전선통일동맹을 결성함으로써 전선의 일차적 통일에 성공했다. 하지만 통일동맹은 일종의 연락기관적 역할만 수행하는 한계를 느끼고, 1934년 3월 1일 통일동맹 제2차 대표자대회를 계기로 해체하고 새로운 강력한 결속력이 있는 신당을 조직하기로 결정하였다. 신한독립당의 신익희·윤기섭·이청천 등과, 한국독립당 대표(김두봉·이광제), 의열단 대표(김원봉·윤세주·이춘암), 조선혁명당 대표(최동오·김학규), 재미국민총회 위임대표(김규식) 등 11명이 모여 대일전선통일동맹 제3차 대회를 열었다. 이 회의는 1934년 6월 20일 난징 진링대학金陵大學에서 회의를 시작하여 7월 3일까지 교회당, 여관, 공원 등을 옮겨 다니면서 예비회의 및 정식회의를 마쳤다.

6월 20일 혁명단체대표대회 예비회의에 참석한 민족운동단체는 신익희의 신한독립당, 조선혁명당, 의열단, 한국독립당, 재미대한독립당, 뉴욕대한인교민단, 미주국민회, 하와이국민회, 하와이혁명동지회 등 9개 단체였다. 각 대표의 자격심사를 한 결과 자기 당을 해체하고 신당에 합류할 것을 동의한 조선혁명당 대표 3명, 의열단 대표 3명, 한국독립당 대표 3명, 신한독립당 대표 3명, 대한독립당 대표 2명 등 총 14명을 전권대표로 하고, 나머지 단체의 대표를 결의권이 없이 협의에 참가하는 상권商權대표로 하여 혁명단체대표회의를 열었다.

이날 신익희 박창세·조소앙·윤기섭·홍만오·김원봉·윤세주·김규식 등 8인을 신당 창립 대표위원으로 선출하였다. 이들 창립 대표 위원에게 전권을 맡기고, 규칙 제정 위원들에게는 새로 결성되는 신당의 조직과 당의·당강·정책 등을 의결한 후 1935년 7월 5일 민족혁명당 결당식을 거행하였다.

민족혁명당은 결당과 동시에 이에 참가하였던 정당과 단체는 모두 해체되었다. 신한독립당을 비롯한 한국독립당(상해), 의열단, 조선혁명당,

대한독립당 등 5개 정당 등은 공동명의로 "민족혁명의 사령부인 민족혁명당에 전민족의 역량을 집중하여 일본 제국주의를 타도하고 우리 민족의 독립자유의 정권을 확실히 전취한다"는 내용의 해체선언을 발표하였다. 그리고 각 정당의 조직과 재산을 모두 민족혁명당에 인계하였다.

여기서 주목할 만한 것은 신익희의 신한독립당이 민족혁명당 창당에 적극적으로 참여한 것이다. 일본 측 정보에 의하면, 신한독립당이 민족혁명당에 참가한 것은 민족통일전선과 더불어 김구 세력에 대한 견제와 운동자금 확보문제 등에 초점을 맞추었기 때문이라는 사실이다. 이 정보의 정확도는 확인할 수 없지만, 당시 임시정부로는 강력한 민족통일전선체가 될 수 없었다는 점도 주요한 이유였던 것은 분명하다.

신익희는 신한독립당 대표로, '신당창립대표위원'으로 민족혁명당 창립 때부터 깊게 관여하였다. 당시에 참석한 대표자 중 정식 대표 대회에서 「의결된 조직의 내용」 첫 번째는 "일개유력一個有力한 신당新黨을 결성하고 각기各其의 원유단체原有團體는 해소解消"한다는 것이었고, "각 원유단체 및 통일 동맹의 종래 진행 사업은 신당이 인계한다"고 규정하였다. 즉, 각 정당 및 단체를 해체하고 그 세력을 단일당單一黨으로 조직하자는 것으로, 이는 임시정부도 폐지하자는 의미였다.

이러한 과정을 거쳐 조직된 민족혁명당의 중앙집행위원으로 신익희·김원봉·김두봉·김규식·윤기섭·최동오·이청천·석정·김학규·조소앙·진의로·김활석·최석순·이관일·이광제 등 15인이 선출되었다. 이 중앙집행위원회가 민족혁명당의 최고 기관이었고, 그 아래 실무기관으로 서기부·조직부·선전부·조사부·훈련부·군사부·국민부 등이 있었다. 서기장과 각부장은 중앙집행위원 중에서 선임하였다. 신익희는 선전부에 포함되었다. 『고등경찰보』에 기록된 민족혁명당 조직일람표에 의하면, 신익희는 전당대표대회 중앙감찰위원회 위원, 중앙집행위원회 위원 및 중앙상무위원회 위원 등을 역임하였다고 한다.

민족혁명당은 결의와 당의, 당 강령은 다음과 같다.

결의

- 당명을 '민족혁명당'이라 칭할 것
- 임시정부의 헌법을 정정할 것
- 총본부를 임시로 남경에 둘 것
- 군관학교 출신자를 비상소집하는 방법을 강구할 것
- 한국인 비행사를 전원 통일하여 비상시에 임한 동원 방법을 강구할 것
- 한국인 청년을 1연대聯隊 양성할 것
- 국내·만주·노령露領 각 방면과 통신 연락 방법을 취하여 연락을 일층 긴밀히 하고 비상시 총동원의 방법을 강구할 것
- 적십자사를 조직하여 군의 간호부를 양성할 것
- 중·한호조사中韓互助社를 부활시킬 것
- 동북의용대를 부활시킬 것
- 본 동맹에 찬성하는 제3국민에 친선적 태도를 표할 것
- 당의·당강·정책·당장黨章 등을 다음과 같이 제정함

민족혁명당의 당의 내용은 선언과도 비슷한데 민주공화국·평등사

상은 이미 독립운동계의 보편적 가치로 자리했음을 알 수 있다. 당강에서는 "일본 침탈세력을 박멸함으로써 우리 민족의 자주독립을 달성한다. 봉건세력 및 일체 반혁명세력을 숙청하여 민주집권의 정권을 수립한다. 소수인이 다수인을 삭탈하는 경제제도를 소멸하고, 국민생활상 평등의 제도를 확립한다. 1개 군을 단위로 하는 지방자치제를 실시한다. 국민은 언론·집회·출판·결사·신앙의 자유를 갖는다. 토지는 국유로 하여 농민에게 분급한다. 대규모의 생산기관 및 독점적 기업을 국영으로 한다. 의무교육과 직업교육은 국가의 경비로써 실시한다. 일본의 일체 재산과 국내에 있는 적 일본의 공사유 재산을 몰수한다" 등 당시 좌파세력의 입장도 상당히 반영되었지만 이러한 주장은 해방 이후까지 보편적 정서로 자리잡아 갔다.

1935년 7월 5일 민족혁명당의 창당은 한국대일전선통일동맹을 구심체로 추진력을 발휘한 협동전선운동의 결실이었다. 그리고 임시정부 옹호세력을 제외한 관내 모든 민족운동세력의 협동전선체로 만들어졌다. 민족혁명당 창당은 바로 통일전선운동의 연장선에서 간주될 수 있다. 즉, 일본의 중국침략과 독립운동에서 종전의 방법론에 대한 민족세력의 반성을 토대로 한 대응책이자 소산물이었다. 이러한 민족협동전선운동의 한복판에 신익희가 있었다.

조선민족전선연맹에 참여하다

1935년에 조직된 민족혁명당은 여러 계파가 존재하였기 때문에 처음부터 갈등을 안고 출발했다고 해도 과언이 아니다. 이러한 갈등은 1936년 말까지 이어졌다가, 1937년 1월 난징에서 소집된 제2차 전당대표대회를 분기점으로 파국을 맞이하였다. 이청천 등 신한독립당계열은 민족혁명당을 탈당하여, 4월 하순 조선혁명당을 결성하였다. 그리고 각 세력은 비슷한 정치적 성향을 중심으로 결합하였다. 실제 임시정부의 통일전선선문제 좌담회에서 '연합전선의 선결조건'으로, "먼저 각자 당 내의 작은 분파 등의 연합전선을 구성해야 한다"는 의견이 논의되었다.

이러한 분위기 속에서 1937년 독립운동 진영은 두 갈래로 정비되었다. 하나는 1937년 8월 한국국민당(김구), 재건한국독립당(조소앙), 조선혁명당(이청천) 등의 한국광복운동단체연합회韓國光復運動團體聯合會 결성이고, 다른 하나는 같은 해 12월 민족혁명당(김원봉), 조선민족해방동맹(김성숙), 조선혁명자동맹(유자명), 무정부주의자(정화암) 등 연합인 조선민족전선연맹朝鮮民族戰線聯盟 결성이다. 당시 신익희는 민족혁명당 선전부·국민부 요원으로 활동하면서 1937년 12월 결성된 조선민족전선연맹에 참여하였다. 임시정부 상당수가 한국광복운동단체연합회에 참여한 것과 대조적이다. 조선민족전선연맹은 『조선민족전선朝鮮民族戰線』 창간호에 게재된 「조선민족전선연맹 결성경과」에서 연맹이 과거의 통일전선운동과 다른 점에 대해 기존의 "통일운동은 대체로 성질이 같은 정치단체의 합동운동이 아니라 성질이 다른 단체가 민족단일당을 조직하려는 운동"이라고 규정하고, "그러나 본 연맹은 주의와 사상이 같지 않은 단체들이 자기 입장과 조직을 가진 채 일정한 공동의 정강 아래 연합하는 형식으로 결성되는 점이 본 연맹의 특색"이라고 규정했다.

조선민족전선연맹은 『조선민족전선』(1938. 4. 10) 등을 통해 기본강령을 다음과 같이 발표하였다.

기본강령

1. 일본제국주의를 타도하고, 조선민족의 진정한 민주주의 독립 국가를 건설한다.
2. 국민의 언론·출판·집회·결사·신앙의 자유를 확실히 보장한다.
3. 일본제국주의자 및 매국노·친일파의 재산을 모두 몰수한다.
4. 노동자 대중의 생활을 개선한다.
5. 국가 경비經費로 의무 및 직업교육을 실시한다.
6. 정치·경제·사회적으로 남녀평등의 권리를 보장한다.
7. 조선민족해방운동에 대한 동정과 지원을 보내는 민족국가와 동맹 및 우호적 관례를 맺는다.

조선민족전선연맹의 성격은 강령에서도 쉽게 알 수 있다. 기본강령에서 이미 사회주의적 강령을 제시하였다. 투쟁강령에서는 첫째 일본제국주의의 통치세력을 제거하기 위해 전국 총 폭동을 조직해 군사행동을 준비, 폭력으로 일제를 몰아내고, 둘째 한국 내 일제의 공적재산과 사적재산을 몰수, 한국 내 일제의 정치·경제 및 기타 모든 지배 세력을 없앤다는 등 세부내용을 명시하였다. 특히 친일파가 조직한 시중회, 아시아협회 등 일체의 반동단체 박멸을 명시하여, 국외운동에 한정하지 않고 국내의 친일파세력을 제외한 국내외 모든 세력의 통일전선을 염두에 두고

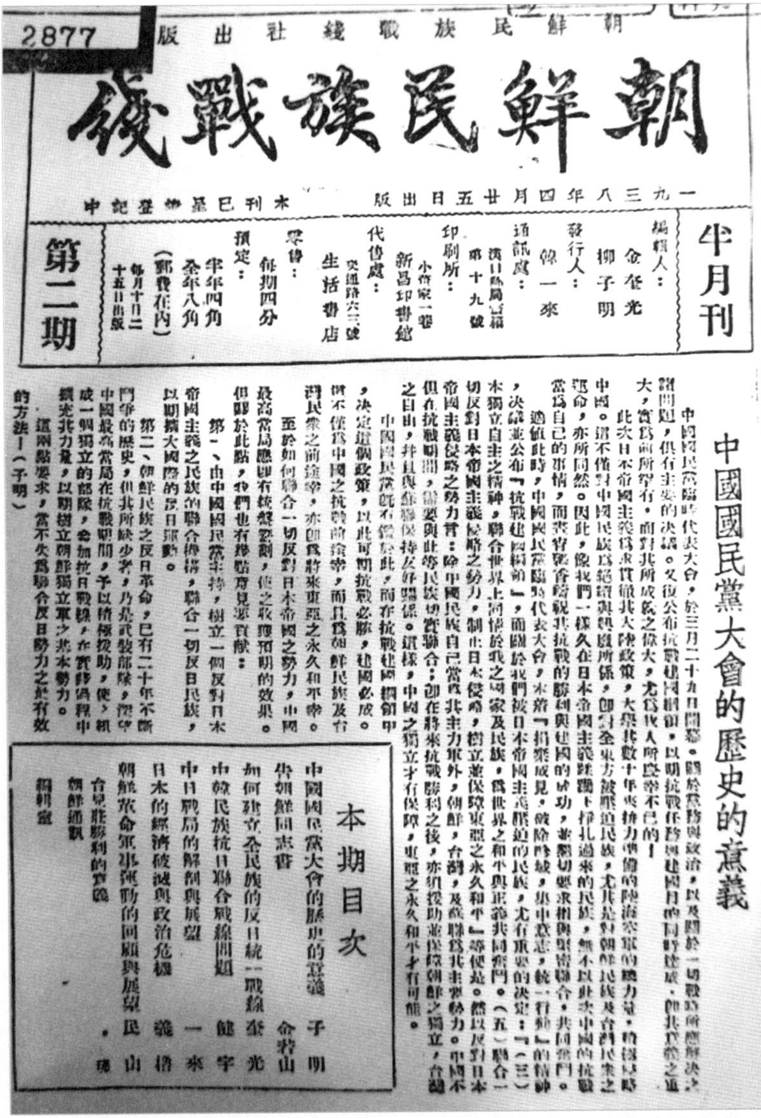

기관지 『조선민족전선』(1938. 4. 10)

있었다는 점은 주목된다. 친일파 문제를 전면에 내세우고 있는 것이다.

조선민족전선연맹은 선전부·중국어부·국제어부·국제연락부·조직부 등으로 되어 있었고, 1938년 4월부터 김광규·유자명 등이 편집, 천병림千炳林을 발행인으로 하여 한문 기관지 『조선민족전선』을 매월 2회, 한글로 『민족전선』을 월간으로 발행했다. 그리고 1938년 10월 장제스 정부의 도움으로 한커우(한구漢口)에서 이 연맹의 군사조직으로 조선의용대朝鮮義勇隊를 창설하여 중국국민당 정부군과 함께 각 전구에서 일본군과 싸웠다.

이처럼 1937년 당시 임시정부계열 상당수가 한국광복운동단체연합회로 결합될 때, 신익희는 그들과 달리 좌파연합적 성격의 조선민족전선연맹에 참여하여 그만의 길을 가고 있었다.

중국육군군관학교의 교관

중·일전쟁 이후 장제스는 한·중연합의 항일전선 구축과 이를 위한 재정지원을 제의하였다. 조선의용대를 이끌고 있던 김원봉은 1937년 9월 하순 국민당 정부 특무기관의 책임자인 캉저와의 협의를 거쳐 12월 1일 민족혁명당 당원 84명을 장시성 성자星子에 있는 중국육군군관학교 성자분교 내의 특별훈련반에 입교시켰다. 그리고 12월 12일 난징이 함락되자 입교생들은 1938년 1월 6일 중국육군군관학교 강릉분교 내의 특별훈련반으로 이동하여 같은 해 5월 24일 6개월간의 교육을 받고 졸업했다.

이때 신익희는 1938년 5월 17일 김원봉 등과 함께 중국육군군관학교 강릉분교 내의 특별훈련반을 방문하여, 졸업 후 활동방향과 당의 통일문제 등에 대해 입교생들의 의견을 수렴하기도 하였다. 당시 입교생들은 전체토론을 거쳐 만주진출 및 동북항일의용군과의 연합, 점진적인 당의 단결 강화를 채택하였다.

한편, 신익희는 중앙집행위원으로 민족혁명당 군사부에 편입된 중국 육군군관학교 낙양분교 한인특별반 졸업생 교양훈련에 참여하기도 했다. 이때 윤세주는 '사회과목', 김두봉은 '한글', 안일청은 '한국역사', 이청천은 '유격전술과 정신훈화' 등을 가르치고, 신익희는 '국내외 정세'라는 과목을 가르쳤다.

이러한 가운데 1938년 10월에는 김규식·김원봉 등과 상의하여 조선민족전선의 선봉대인 조선의용대朝鮮義勇隊를 편성하고, 항일투쟁의 행동대로서 선무공작宣撫工作과 무장투쟁을 수행하였다. 유치송의 증언에 의하면, 신익희는 김규식·김원봉 등과 함께 소장 간부 양성에 힘쓰는 한편 중국군과 함께 직접 항일전선에 나가기도 했고, 의용대원 수십 명을 이끌고 서남쪽으로는 안후이, 구이저우(귀주), 윈난(운남)에서 동남쪽에는 허난(하남), 허베이(하북), 산시(섬서) 등에 이르기까지 여러 성을 다니면서 선무공작을 지휘하였다고 한다. 유치송은 신익희가 조선의용대의 선봉이라고 하지만, 현재까지 조선의용대와 관련된 다른 자료에서 재차 확인되지 않는 것으로 보아 그의 역할은 그리 크지는 않았을 것으로 추정된다.

그럼에도 이 시기 신익희의 활동은 1919년 임시정부 수립시 군사본위의 독립방략, 1920년대 후징이(호경익)와 함께 분용대를 설치하고 한·

중연합의 독립전쟁을 준비하려던 길을 계속 걷고 있다. 군사 활동에 대해서도 지속적으로 관심을 가져왔다.

조선청년전위동맹의 지도위원

신익희가 적극적으로 좌파활동을 한 것은 1938년 9월 한커우(한구漢口)에서 조직된 조선청년전위동맹에 가담하면서였다. 조선청년전위동맹은 신익희를 비롯해 최창익·김학무 등 민족혁명당을 탈당한 당원 11명과 중국중앙육군군관학교 성자분교의 한인특별훈련반 졸업생 35명을 중심으로 결성된 조직이었다. 양자오취안(양소전) 편『관내지구 조선인반일운동자료휘편』(요령민족출판사)에는 조선청년전위동맹을 다음과 같이 규정하였다.

> 우리들은 한편으로는 진실로 중국항전공작에 직접적으로 참가해야 한다. 그러나 또 다른 일면에서는 반드시 우리 민족해방운동의 급선무를 수행해야 한다. 당면한 조선민족해방투쟁의 주요 정치임무는 곧 적극적으로 전 민족적인 통일·단결을 촉성하는 것이다. 한국 민족도 전 민족 반일통일전선을 공고히 하고 확대해야만 비로소 반일역량을 강화할 수 있고, 최후의 해방을 확보할 수 있다.

조선청년전위동맹의 최창익은 대표적인 연안파 거두로, 북한의 문화선전상, 사법상을 지낸 바 있는 허정숙許貞淑의 남편이기도 하다. 그는

1925년 일본 와세다早稲田대학 경제과를 졸업하고, 좌파단체인 서울청년회에 가담하였고, 그해 만주로 가서 독립운동을 하였다. 1927년 조선공산당의 핵심간부로 있다가 제3차 공산주의자 검거 때 체포되었다. 그리고 1930년 11월 모스크바대학에서 변증법을 연구하였으며, 1942년에는 중국 연안에 있는 조선독립연맹의 부주석에 취임하였다. 8·15해방 후 북한으로 돌아와 1946년 북로당 중앙위원회 상무위원 겸 정치위원·북조선 인민위원회의 검열국장, 1948년 재정상 등을 맡았다. 그 후에도 조국통일민주주의전선 중앙위원·부수상·노동당 중앙위원회 위원을 지냈고, 최고인민회의 제1기 대의원이 되기도 하였다.

조선청년전위동맹은 최창익의 성향에서도 알 수 있듯이 급진적인 대표적인 좌파무장투쟁단체였다. 신익희가 이러한 조선청년전위동맹에 참여한 이유는 명확하지 않지만, 민족혁명당 군사부 시절부터 성자분교 출신들을 교육시켜 왔던 인연, 평소 무력투쟁을 강조해 왔던 신익희 노선의 실천도 한 요인으로 작용했을 것이다. 이에 대해 한 원로학자는 신익희가 1933년 이후 좌경화되었고 1939년 조선청년전위동맹에 가담한 것을 극좌노선으로 평가하였다. 이후 신익희의 행적은 어느 때보다도 좌파에 기울어 있었던 것은 분명하다.

7당통일회의와 조선민족해방투쟁동맹

신익희는 조선청년전위동맹원들을 이끌고 민족전선 산하부대로 1938년 10월 10일 창설된 조선의용대에 참여하였으며, 조선청년전위동맹

대표로 1939년 8월 27일 쓰촨(사천)성 치장(기강綦江)에서 열린 '한국혁명운동통일적 7단체회의韓國革命運動統一的七團體會議'에도 참여하였다. 7당통일회의는 조선민족전선연맹에 가입되어 있던 조선민족혁명당·조선혁명자동맹·조선민족해방동맹·조선청년전위동맹 등 4개 단체와 한국광복운동단체연합회에 가입되어 있던 한국국민당·한국독립당·조선혁명당 등 총 7개 단체가 참여한 회의였다. 8월 27일 회의에 참여한 각 당 대표는 한국국민당 조완규·엄대위, 한국독립당 홍진·조소앙, 조선혁명당 이청천·최동오, 민족혁명당 성주직·윤세주, 조선혁명자동맹 유자명·이하유, 조선민족해방동맹 김규광·박건웅, 조선청년전위동맹 신익희·김해약 등 14명이 참여하였으며, 신익희와 조소앙·조완구 등 3명이 주석단이 되었다. 회의는 국내외 정세보고, 통일문제, 강령·정책·기구문제, 사업문제, 기타 제 문제 등을 토의하였다.

이러한 민족통일전선운동은 1938년 10월부터 회합이 시작되었다. 본회의는 김구와 김원봉이 1939년 5월 공동명의로 「동지·동포에게 보내는 공개통신」을 발표하면서 개최되었다. 1939년 8월 27일 쓰촨(사천)성 기강에서 열린 회의에 신익희는 민족전선 측의 조선청년전위동맹 대표로 참석하였다. 그리고 주석단의 일원으로 선출되어 '7당통일회의'를 주재하였으나 회의는 조직문제의 의견차이로 결렬되었다. 대부분 개인본위에 기초한 새로운 통일조직을 요구했지만, 조선청년전위동맹과 조선민족해방동맹이 단일식 통일방안에 반대하면서 퇴장해 7당회의는 5당회의가 되었다.

이로써 신익희는 한국국민당, 한국독립당, 조선혁명당, 조선민족해방동맹 등 과거 임시정부 동료들과는 다른 길을 갔을 뿐만 아니라, 더욱 좌파적인 단체와 행동을 같이했다. 이러한 신익희의 행동은 독자적인 행보나 다름없었다. 7당회의가 결렬되자 그의 입지는 고립화되었다. '7당 통일회의'를 탈퇴한 조선민족해방동맹과 조선청년전위동맹은 뤄양(낙양洛陽)에서 1940년 12월 조선민족해방투쟁동맹을 결성하였다. 조선민족해방투쟁동맹은 "먼저 해외 전체 공산주의자의 통일, 그 후의 민족통일전선의 결성"을 목표로 설정할 만큼 좌파적 성향의 단체였다. 동맹의 내무주석에 한빈韓斌, 외무주석에 김성숙, 조직부장에 김인철金仁哲, 선전부장에 이정호李貞浩, 중앙위원에 신익희·김학무·박건웅, 허베이(화북)지부 책임에 진한중陳漢中, 호남지부 책임에 김창만金昌滿 등이 각각 선임되었다. 조선민족해방동맹과 조선청년전위동맹이 각각 외무와 내무를 맡아 두 조직에서 역할을 각각 반반씩 분담하려 했다. 이때 신익희는 중앙위원으로 활동하였다. 그러나 1941년 5월 조선청년전위동맹이 허베이로의 진출을 결정하고, 6월에 80여 명의 조선의용대원이 북상하면서 조선민족해방투쟁동맹은 와해되었다.

05 임시정부에 복귀해 고국으로

충칭 임시정부에 합류

신익희는 전위동맹원들이 모여 있는 뤄양(낙양)으로 가서 이들을 지도 교육하였다. 그러나 1941년 3월에서 5월 전위동맹원들이 속한 조선의용대 제2지대 병력이 황하를 건너 허베이로 이동할 때 동참하지 않고 자신의 딸인 신정완申貞婉, 사위 김재호金在浩와 함께 충칭(중경)으로 돌아왔다. 이때 허베이 행을 택하지 않고 충칭으로 발길을 옮긴 사람은 신익희 이외에 사위인 김재호, 조선민족해방동맹의 김성숙 등이었다.

1932년 한국혁명당을 조직한 이후 10여 년을 좌파세력과 함께 길을 걸었던 신익희가 1941년 조선청년전위동맹원과 함께 허베이 행을 택하지 않고 왜 충칭으로 발길을 옮겼을까? 이에 대해 한 노학자는 "추리작가의 상상에 맡길 수밖에 없다"고 평가했고, 한 연구자는 사위 김재호의 반대와 이를 둘러싼 전위동맹원들과의 갈등이 작용했을 것이라고 한다.

허베이 행을 택하지 않은 이유는 현재로서 명확히 확인할 수 없지만, 충칭에 온 신익희는 전례 없이 외로웠던 것은 분명하다. 임시정부 요원 출신인 정정화는 회고록 『녹두꽃』에서 "전위동맹 소속의 간부들은 대부분 연안으로 갔다. 신익희도 이 단체에 속해 있었으나, 그 후 충칭으로 나와 혼자 전위동맹의 간판을 오랫동안 지키고 있었다"고 적고 있다. 함께 활동하던 조선청년전위동맹 동지들이 모두 옌안으로 갔고, 임시정부와는 10여 년 이상 다른 길을 걸어 왔기 때문이다. 한때 동지였던 김원봉이 조선의용대 본대와 함께 충칭에 있었지만 조선청년전위동맹을 분당하면서 관계를 끊었다. 즉 신익희가 임시정부에 다시 들어가는 1942년까지 신익희는 충칭에 혼자 있었다. 그러다가 1942년 5월 신익희는 임시정부로 다시 합류했다. 만 20여 년 만의 일이다.

신익희가 임시정부로 복귀한 이유는 국제정세와 당시 독립운동 진영의 경향과 무관하지 않다. 특히 중국 측의 좌우합작 종용도 중요한 요인으로 작용하였다. 실제 중국 측은 한국 독립운동에 대한 지원창구를 임시정부로 일원화시키려 했다. 중국이 정부차원에서 한국 독립운동을 지원하기 시작한 것은 1932년 윤봉길의거 이후부터였다. 중국 측의 지원은 두 개의 창구를 통해 이루어졌다. 하나는 중국국민당이 김구에게, 다른 하나는 중국군사위원회의 삼민주의역행사三民主義力行社가 김원봉에게 각각 지원하고 있었다. 그런데 좌우익 독립운동세력이 충칭에 집결하여 활동하게 된 것을 계기로 중국 측이 지원창구를 임시정부로 일원화시키겠다는 뜻을 밝힌 것이다.

이러한 중국 정부의 의도는 한국 독립운동에 대한 지원을 한곳으로

충칭 임시정부 청사

집중시킨다는 의미도 있지만, 좌파진영으로 하여금 임시정부에 합류하도록 압력을 가한 것이기도 했다. 1941년 가을에도 중국 정부 외교부장 궈타이치(곽태기郭泰祺)가 좌우익 진영의 대표자인 김구와 김원봉에게 합작을 재차 종용하였다. 이때 궈타이치는 "임시정부 승인문제를 영·미 양국 정부와 협상하고 중국의 국무회의에도 제출하겠다"며, 임시정부 승인문제를 거론하였다. 임시정부를 중심으로 합작할 것을 종용한 것이다.

또한 태평양전쟁 발발이라는 국제정세도 주요한 요인으로 작용하였다. 1941년 12월 8일 일제가 미국 해군기지인 진주만을 공격하면서, 미·일 간에 태평양전쟁이 일어났다. 중·일전쟁에 이어 미국과 일본 사이에 전쟁이 발발한 것이다. 태평양전쟁의 발발은 독립운동자들에게 독립을 위한 절호의 기회로 인식되었다. 그리고 적극적인 대일항전을 전개해야 한다는 분위기가 고조되었다. 이에 따라 전민족의 독립운동 역량을 한곳으로 집결하는 문제가 긴급하게 대두되고 있었다.

이러한 가운데 민족진영 내부에서 임시정부로의 통일을 주장하는 논리가 확대되었다. 1939년 5월 김구와 김원봉의 「동지동포제군들에게 보내는 공개통신」 발표로 기존 모든 단체를 해체하고 강력한 민족통일전선 구축 요구가 확대되었다. 이러한 분위기 속에서 1939년 8월 치장에서 좌우익 진영의 7개 정당 및 단체가 참가한 가운데 7당통일회의를 열기도 했다.

좌파세력 내에서도 통합운동의 필요성이 확대되었다. 1939년 4월 신익희가 있던 조선청년전위동맹에서 최창익은 단일당조직운동을 반대하고 연맹조직의 강화를 주장하였다. 1941년 12월 초 태평양전쟁이 발발하자 조선민족해방동맹이 임시정부로의 세력집중을 주장하고 나섰다. 그 이유에 대해 김성숙은 다음과 같이 서술하였다.

> 생각하고 보니 우리나라 독립운동 단체들 가운데, 사실상 무슨 당이 무엇을 한다고 하지만, 권위로 보든지, 영향으로 보든지, 국내의 대중 일반에 대한 영향으로 보든지, 그래도 임시정부 밖에 없거든. 임시정부가 계속해서 일본하고 대립해서 싸워왔고, 그러니까 임시정부를 중심해서 모여야겠다. 그래도 임시정부를 중심해서 모이기가 쉽다. 당黨을 같이 하는 것이라면 모르겠지만 정부를 같이 하자는 것이니까 쉽다. 이렇게 생각했지.

독립운동세력을 결집하는 데는 '당'보다는 그래도 정부가 수월하다는 것이고, 독립운동 과정에서의 권위나 국내 대중들에 대한 영향으로 보아 임시정부를 중심으로 해서 결집할 수밖에 없다는 것이었다. 이러한 생각에서 김성숙은 임시정부에 참여하기로 방향을 바꾸었다. 그리고 1941년 12월 1일 조선민족해방동맹 중앙서기국 명의로 '반일혁명역량을 임시정부로 집중시켜 전 민족적 총단결을 이루자'는 취지의 「옹호한국임시정부선언」을 발표하였다. 즉, 조선민족해방동맹은 전 민족이 일치단결하여 임시정부의 지휘를 받고, "임시정부, 반일민주강령, 태극기, 임시정부 혁명원로에 대한 한결같은 지지"라는 4가지 원칙을 중심으로 하여 민족주의 당파와 사회주의 당파의 합작을 실현하여 민족의 총단결을 이루고자 하였다. 이처럼 조선민족해방동맹의 김성숙 등 오랫동안 독립운동을 함께했던 세력이 임시정부를 참여했다는 사실은 신익희가 임시정부에 참여하는 데 많은 영향을 미쳤을 것이다.

이와 같이 중국국민당 정부의 좌우합작 요구와 1939년 중·일전쟁, 1941년 태평양전쟁 발발이라는 정세 속에서, 좌우익 민족세력 내에서 민족단결의 필요성 제기, 1941년 12월 조선민족해방동맹 김성숙의 임시정부 참여, 1942년 5월 조선의용대의 광복군 편입, 그리고 1942년 10월 임시의정원의 좌우익 통일의회 구성이라는 분위기 속에서, 신익희도 충칭 임시정부에 자연스럽게 참여하였다. 조선의용대가 광복군으로 편입된 1942년 5월의 일이었다.

신익희가 다시 임시정부에 참여한 결정적 역할을 한 것은 조소앙이었다. 신익희와 조소앙은 일본 유학 시절을 같이 보냈고, 상해 임시정부 수립 당시 임시헌장을 함께 기초하였다. 그리고 초기 임시정부 내무부를 같이 이끌기도 했으며, 민족혁명당에서 함께 활동하기도 하였다. 조소앙은 당시 임시정부 외교부장으로 있었다. 1942년 8월 외교연구위원회 설치 후에는 위원장직을 겸하고 있었다. 이때 조소앙은 1942년 8월 4일 신익희를 이현수, 이연호, 장건상 등과 함께 외교연구위원회 위원으로 발탁하였다. 외교연구위원회는 1942년 4월 20일 임시정부 국무회의에서 처음 결의되고, 6월 24일 「외교안보위원회 규정」이 채택되었다.

신익희는 1942년 8월 4일 국무회의 결의에 따라 외교연구위원회 위원에 임명된 이후 외교연구위원회 부위원장으로 활동하였다. 외교안보위원회 활동을 계기로 신익희는 임시정부 활동을 재개하게 되었다. 1943년 3월 4일 신익희는 외교부 차장에 임명되었고, 4월 10일 선전위원회가 조직될 때 조소앙·엄항섭·김상덕·손두환 등과 함께 선전위원회 위원으로 선임되는 등 20여 년 만에 임시정부에 돌아와 왕성한 활동을 재개하였다.

외교연구위원회는 미주 등 주변 4국과의 교섭 및 연락문제 등을 주로 다루었다. 외교부위원은 본부에 9명, 워싱턴외교위원회에 6명, 동부외교위원에 9명, 주 프랑스에 1명, 샌프란시스코에 10명을 위원으로 구성하여 대외공작을 활발히 추진하였다. 가장 중요한 활동은 '임시정부 승인 문제'였다. 외교안보위원회의 월별 활동보고서를 보면, 1942년 말 이후 매월 임시정부의 승인 문제가 보고되고 있었다. 이는 당시 해방 후 대한민국의 국제공동관리설 등 당시 국제정세와 무관하지 않았다. 제2차 세계대전이 끝나가면서 전후 패전국 식민지 문제에 대해 논의가 본격화되었기 때문이다.

대한민국의 '국제공동관리설'은 1942년 4월부터 8월 사이 미국 내 주요 언론지에 보도되었다. 1942년 4월 『Happiness』, 『Life』, 『Time』 등 주요 잡지와 7월 『Asia Magazine』, 그리고 8월 『포춘』지 등을 통해, 전후 한국은 "망명한 한국 사람에게 넘겨주지 않는다", "전후 한국문제는 국제공동관리로 해결"한다는 내용이 보도되었다. 이러한 내용은 1943년 4월 15일 『신한민보新韓民報』, 그리고 1943년 4월 27일 중국 일간지 『중앙사中央社』 등에 지속적으로 보도되고 있었다.

이러한 소식을 접한 충칭 임시정부세력은 1942년 말부터 국제공관설 반대운동을 전개하였다. 조소앙은 「미래세계에 있어서 한국의 지위」라는 글을 중국 사회에 발표하고, 김구 등은 1942년 말 절대독립을 요구하는 성명서를 발표하였으며, 김원봉은 1943년 2월 조선민족혁명당 기관지 『앞길』 제28호를 통해 절대독립을 주장하였다. 특히 1943년 4월 29일 임시정부 국무회의는 신익희가 활동하고 있던 외교부를 통해 다음과 같은 성명을 발표하였다.

1. 외교부에서는 중국 외교부에 그 사실의 유무를 질문하고, 아울러 반대 의사를 표시한다.

2. 미국, 영국, 러시아, 각국 원수에게는 반대한다는 전문을 보내고, 중국에게는 당국자가 정식으로 신문에 반대성명서를 발표하도록 요구한다.
3. 선전부에서는 반대하는 글을 발표하고, 아울러 반대하는 의사를 공포한다.
4. 당, 정, 군 각 수뇌부를 소집하여 그 진상을 보고하고 대책을 연구한다.

1943년 4월 말 임시정부에서 국제공관설에 적극 대응할 때, 신익희는 외교부 차관이었고, 선전위원회 위원이었다. 임시정부는 선전부를 중심으로 『독립신문』·『앞길』·『독립』·『신한민보』 등을 통해 국제공관의 부당성과 임시정부 승인의 필요성에 대해 보도하고, 10여 일 후인 1943년 5월 10일 중국 내 한인단체 총연합의 '재중자유한인대회在中自由韓人大會'가 개최되었다. 이 대회는 한국독립당과 조선민족혁명당·조선민족해방동맹·조선무정부주의자연맹·한국애국부인회·한국청년회 등 정당·사회단체를 중심으로 300여 명의 한인들이 모인 가운데 개최되었다. 대회에서 홍진을 비롯하여 김붕준, 김규광, 유월파, 김순애, 한지성 등 6명이 주석단으로 임명되었지만, 홍진이 총주석으로 본 대회를 이끌었다. 본 대회는 다음과 같은 대회 선언문을 발표하였다.

대회 선언문

우리들이 간절히 바라는 것은 모든 동맹국 정부들이 위에서 말한 소위 국제호위 문제에 대하여 일찍이 성명을 발표하여 이를 반대해 주기 바란다.

이와 아울러 전쟁 후에는 한국의 완전독립을 선포하고, 이와 동시에 즉시 한국 임시정부를 승인해 주기 바란다.

대회 결의안

1. 우리들은 완전독립을 요구한다. 소위 국제 감호國際監護나 혹은 그 밖의 어떠한 형식의 외국 간섭도 이를 반대한다.
2. 우리들은 중·소·영·미 등 동맹 각국의 절실한 합작을 요망한다. 그리고 파시스트 침략자를 타도한다.
3. 우리들은 혁명진영의 새로운 정리를 요구한다. 자력갱생의 길을 향하여 매진한다.
4. 우리들은 전쟁후의 완전독립을 쟁취하기 위하여 또한 조속히 임시정부의 국제적 합법 지위를 쟁취하기 위하여 계속 노력한다.

이러한 논리의 기반에는 임시정부 승인론이 깔려 있었다. 즉, 임시정부 승인은 1943년 이후 임시정부의 독립방략이기도 하였다. 이날 '각 지방 동지와 동포들에게 보내는 공개장'에서 각 지방마다 한인대회를 개최하여 우리들과 같은 문제를 채택할 것을 지시하였다. 그리고 대회 연락은 교통부와 연통제 조직을 활용하였다.

이와 같이 1943년 국제공동관리설이 본격적으로 제기될 때 조소앙·홍진 등이 국제공관 반대운동을 전면에서 이끌었고, 신익희도 외교부 차장과 선전부 선전위원으로 활동하면서 관여하였다. 이는 임시정부에 다시 복귀한 신익희의 존재를 알리는 주요 요인으로 작용하였다. 그리고 이러한 국제공관설에 대한 경험은 해방 이후 1946년 신익희의 '국자 제1호', '국자 제2호' 등 반탁국민대회 활동의 기반이 되었다. 1946년 반탁운동 방법론과 논리는 이미 1943년 국제공동관리설에 대한 대응과정에서 만들어졌다고 볼 수 있다.

한중문화협회에 참여하다

임시정부에 복귀한 신익희는 1942년 한중문화협회 조직, 상무위원으로도 활동하였다. 한중문화협회는 한·중 간의 유대와 우호를 목적으로 창립되었다. 사실 한·중 간의 유대관계는 1920년대 이래 다양한 형태로 이루어졌다. 공동항일전, 한국 청년들이 중국 군관학교에서 훈련받는 것, 한중호조사와 같이 한중인사들이 함께 단체를 결성해서 활동하는 것 등이었다. 신익희도 1920년대 이미 상해 한중호조사를 창립하여 활동한 바 있어 중국국민당 정부와도 친분이 있었다. 1942년 1월 15일자 『대공보大公報』 보도에 의하면 한중문화협회는 중국 인사들과의 연락을 목적으로 임시정부 측에서 먼저 제기했다고 한다. 임시정부 측에서는 조소앙이 핵심적인 역할을 했다.

신익희는 역할이 크지 않았지만, 과거의 경험을 기초로 한중문화협회 이사 등으로 참여하였다. 사실 신익희는 후징이와의 교류와 같이 한·중합작을 통한 독립운동의 필요성을 오랫동안 강조해 왔었다. 1942년 10월 『신한민보』 보도에 의하면, '한중문화협회 성립대회'가 중국 충칭에서 김구·조소앙·이청천·김약산 등 한국 측 인사와 쑨커(손과孫科)·우

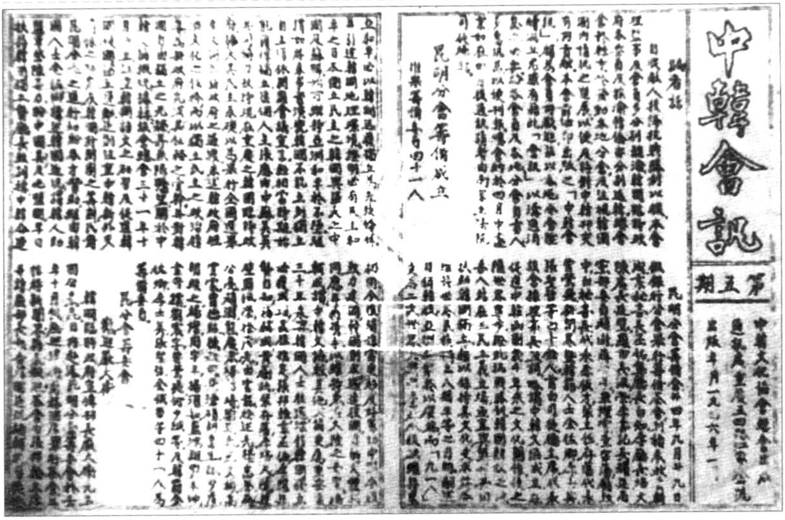
中韓會訊
第五期

한중문화협회가 발간한 『중한회신』

톄청(오철성吳鐵城) 등 중국 측 인사 약 400여 명이 참가한 가운데 개최되었다고 한다. 이날 이청천·조소앙·홍진·이승만·서재필 등이 한국 측 명예이사로, 신익희·박찬익·김규식·김성숙·김원봉·엄항섭 등이 한국 측 이사로, 최동오·박건웅 등이 한국 측 감사로 선출되었다. 한중문화협회 성립대회날 총 28조의 장정章程을 채택하였다.

한중문화협회의 임무는 일반적인 양국 문화교류만이 아니라, "일본 제국주의자의 침략을 반항 및 소멸에 관한 사항"이 포함되어 있고, 참여할 수 없는 자에 대한 규정도 "삼민주의 이론과 혹은 행동에 위배된 자", "대한민국 건국강령의 이론과 행동을 위반한 자" 등을 규정하여 한중문화협회의 방향성을 분명히 했다.

한중문화협회는 이후 다양한 활동을 전개하였다. 1943년 이후 '전쟁 후에 있어서의 한국 독립문제' 좌담회를 개최하였고, 중국만이 아니라 이충모李忠模 등 소련 지역 유력인사를 초청하여 소련 지역 정세와 한인 교포들의 근황을 듣기도 하였으며, 충칭에 있는 젊은 사람들을 격려하기도 하였다. 그러나 가장 중요한 것은 한국 독립에 대한 이해 증진이었다. 예를 들면, 한중문화협회는 신익희·조소앙·이범석 등 100여 명이 참석한 가운데 1943년 9월 24일 흥행강연회를 개최하여, 한국외교문제 등에 대해 논의하였다. 이날 "중국 고래의 어질 인仁 자는 만 가지 일의 근본이며, 중국은 이 원칙 아래에서 조속한 시일 내에 한국임시정부를 승인하기 바라며, 한·중 양국 간에 영원한 친선관계를 수립하자"는 점, 그리고 '대일반공전략對日反攻戰略' 등이 논의되었다.

임시정부의 내무부장

신익희는 1942년 임시정부에 복귀하였지만 주도적 위치에 있지 못했다. 신익희의 위치가 격상된 것은 1944년 5월 내무부장을 맡으면서부터였다. 1940년대 임시정부는 '좌우연합정부'로 구성되었다. 좌우연합정부를 구성하자는 논의는 1942년 10월 '통일의회'가 개최되면서 본격화되었다. 조선민족혁명당을 비롯한 좌파진영 인사들이 임시의정원에 참여한 후 "임시정부는 각 당파 각 개인의 우수한 인물을 망라시킨 각 당파 연합정부가 되어야 한다"며 좌우연합정부 구성을 제기하였다. 먼저 헌법을 개정했다. 좌파진영이 포함된 임시정부 조직 개편도 필요했기 때문이다. 이를 위해 1942년 10월 임시약헌수개위원회臨時約憲修改委員會를 구성하고, 기존의 헌법을 개정하는 동시에 정부 조직을 확대 개편하는 일을 추진하였다.

헌법 개정 작업은 1년 반 이상 논의되다가 1944년 4월 20일 제36차 임시의정원 임시회의에서 임시약헌을 개정한 '대한민국임시헌장'이 통과되었다.

> 우리 민족은 우수한 전통을 가지고 스스로 개척한 강토에서 유구한 역사를 통하여 국가생활을 하면서 인류의 문명과 진보에 위대한 공헌을 하여 왔다. 우리 국가가 강도 일본에게 패망된 뒤에 전 민족은 오매에도 국가의 독립을 갈망하였고 무수한 선열들은 피와 눈물로써 민족자유의 회복에 노력하여 삼·일대혁명에 이르러 전민족의 요구와 시대의 추향에 순응하여 정치, 경제, 문화, 기타 일절 제도에 자유, 평등 및 진보를 기본정신으로 한 새로운 대한민국과 임시의정원과 임시정부가 건립되었고 아울러 임시헌장이 제정되었다. 이에 본원은 제25회의 경험을 적하여 제36회 의회에서 대한민국 임시헌장을 범 7장 공 62조로 개수하였다.

새로운 임시정부는 자유, 평등 및 진보를 기본정신으로 한다고 명시하여 좌우합작적 성격을 분명히 한 것이다. 이에 의거하여 새로운 정부 조직과 각원을 임명하게 되었다. 기본적인 방향은 주석과 부주석을 두고 국무위원은 14인으로 늘렸다. 한국독립당 8석, 민족혁명당 4석, 해방동맹 1석, 혁명자연맹 1석 등으로 하고, 주석은 한국독립당, 부주석은 민족혁명당에서 맡았다. 임시헌장만이 아니라 실제적으로 좌파와 우파에게 임시정부 내 동일한 지위를 보장한 것이다. 새로운 임시정부의 구성은 다음과 같다.

주석	김구(한국독립당)
부주석	김규식(민족혁명당)
국무위원	이시영, 조성환, 황학수, 조완구, 차리석, 박찬익, 조소앙, 조경한, 장건상, 김붕준, 성주식, 유림, 김원봉, 김성숙
외무부장	조소앙
군무부장	김원봉
재무부장	조완구
내무부장	신익희
법무부장	최동오
선전부장	엄항섭
문화부장	최석순

김구를 주석으로 하고, 부주석에는 민족혁명당 위원장인 김규식을 선임하였다. 민족혁명당 핵심간부인 김원봉을 군무부장, 최석순崔錫淳을 문화부장, 조선민족혁명자통일동맹의 유동열柳東說을 참모총장에 선임하였다. 신익희는 내무부장에 임명되었다. 이로써 좌우연합정부가 탄생되었다. 좌우연합정부는 좌우연합정부를 탄생시킨 제36차 임시의회는 회의를 마치면서 그 성과를 다음과 같이 천명하였다.

정부 주석 부주석 및 전체 국무위원은 우리 혁명운동사에서 가장 공헌이 많은 민족적 지도자이며, 또 우리 민족의 각 혁명정당과 사회주의 각 당의 권위 있는 지도자들이 연합 일치하여 생산한 전 민족 통일전선정부이다.

임시정부는 선언을 통해 정부의 성격을 '통일전선정부'라고 규정하였다. 그리고 임시정부로 통일전선을 형성하고 좌우연합정부를 구성하게 되면서, 독립운동을 통일적으로 지휘·통할해 나갈 최고영도기관이자 민족의 대표기구라는 위상과 권위를 되찾게 되었다. 이로써 1919년 9월 3곳의 임시정부를 통합하면서 이루어졌던 좌우연합이 다시 실현되었다. 이때 신익희는 상해에서 임시정부 초대 내무차장으로 선임된 후 25년 만에 다시 내무부 수장으로 임명되었다.

당시 내무부의 주요임무는 충칭을 중심으로 한 동포들과 임시정부의 안전을 도모하는 일이었다. 충칭에는 많은 경우 600여 명에 이르는 한인들이 거주하고 있었다. 이들이 바로 임시정부의 세력기반이었고 이들을 보호 관리하는 일이 내무부의 주요한 업무였다. 게다가 해방이 되면서 내무부의 일은 산더미처럼 많아졌다.

임시정부의 환국을 준비하다

해방이 되자 신익희는 1945년 12월 1일 임시정부 제2진으로 환국하였다. 제1진은 11월 23일 귀국하였으나 모두 개인자격이었다. 신익희가 일제의 항복 소식을 접한 것은 충칭에서였다. 1945년 8월 10일 저녁 충칭의 각 방송들과 각 신문 호외를 통해 알려졌다. 충칭에 있던 임시정부도 10일 저녁 8시경 이 소식을 접했다. 당시 김구 주석과 이청천 광복군 총사령은 미국의 전략첩보기구인 OSS와 국내진입작전을 협의하기 위해 시안에 와 있었다. OSS 책임자와 광복군 대원들을 국내진입작전에 합의한 후, 일제가 항복한다는 소식을 접한 것이다.

독립운동을 주도하던 임시정부로서는 어느 누구보다도 일제의 항복 소식을 기뻐해야 했지만, 기쁨보다는 회한이 앞섰다. 당시의 심정을 백범 김구는 다음과 같이 적고 있다.

> 나는 이 소식을 들을 때 희소식이라기보다 하늘이 무너지고 땅이 갈라지는 느낌이었다. 몇 년을 애써서 참전을 준비했다. 산둥반도에 미국의 잠수함을 배치하여 시안훈련소와 부양훈련소에서 훈련받은 청년들을 조직적 계획적으로 각종 비밀무기와 무전기를 휴대시켜 본국으로 침투케 할 계획이었다. 국내 요소에서 각종 공작을 개시하여 인심을 선동하며, 무전으로 통지하여 비행기로 무기를 운반해서 사용하기로 미국육군성과 긴밀한 합작을 이루었는데, 한 번도 실시하지 못하고 왜적이 항복한 것이다. 이제껏 해온 노력이 아깝고 앞일에 걱정이었다.

임시정부는 일제의 항복소식을 접한 후 곧바로 국무회의를 열고 대책을 협의하였다. 당시 국무위원이었던 조경한趙擎韓의 『회고록』에 의하면 다음의 5가지 사항을 의결하였다고 한다.

충칭 임시정부청사에서 환국기념

1. 귀국해서 정권을 국민에게 봉환奉還한다.

2. 귀국해서 반포할 당면정책을 기초한다.

3. 대외교섭을 빨리 전개하여 귀국절차를 갖춘다.

4. 정부 및 의정원의 일절 문헌과 집물을 정리한다.

5. 제39차 의회소집을 요구한다.

국무회의 결의에 따라 임시정부가 국내로 들어가 추진해 나갈 과제를 「당면정책當面政策」으로 발표하였다.

- 본 임시정부는 조속한 기간 내에 곧 입국한다(1항)
- 전국적 보선普選에 의한 정식정권이 수립되기까지 국내 과도정권을 수립하기 위하여 국내외 각 계급, 각 혁명당파, 각 종교집단, 각 지방대표와 저명한 각 민주영수 회의를 소집하도록 적극 노력한다(6항)
- 국내 과도정권이 수립된 즉시 본정부의 임무는 완료된 것으로 인정하고 본 정부의 일체 직능 및 소유물건은 과도정권에 교환한다(7항)
- 국내에서 건립된 정식정권은 반드시 독립국가, 민주정부, 균등사회를 원칙으로 한 신헌장新憲章에 의하야 조직한다(8항)
- 국내의 과도정권이 성립되기 전에는 국내 일체 질서와 대외 일체 관계를 본 정부가 부책유지負責維持한다(9항)

즉, 임시정부는 국내에서 합의된 신국가가 건설될 때까지 정부로서의 역할을 수행한다고 선언하였다. 이후 국내외 각 정당, 사회단체가 연합하여 과도정부를 수립한다면, 임시정부는 과도정부에 정권을 인계한다는 것이다.

임시정부의 환국문제도 본격적으로 논의하였다. 국무회의에서는 현 임시정부 상태로 환국한다는 것과 국내에 들어가 과도정권을 수립하여 임시정부의 모든 것을 과도정권에 인계한다는 방침이 결정되었다. 환국문제와 관련한 구체적 실무는 신익희가 수장으로 있던 내무부가 주관하였다. 정부의 문서와 물품, 그리고 임시의정원 문서와 한국독립당의 문헌 및 인장을 정리하여 가죽 가방 13개에 담았다. 환국의 노선이나 교통편은 중국·미국과 교섭을 통해 마련하였다. 입국노선은 충칭에서 상해로 이동한 다음 상해에서 국내로 들어가는 것이었다. 교통편은 충칭에서 상해까지는 중국 측이, 상해에서 서울까지는 미국 측이 제공하기로 하였다.

그리고 환국의 절차나 방법과 관련해 "김구 선생님을 비롯하여 가족이 없는 국무위원, 원로 선생님들은 먼저 비행기로 출발"하기로 하였다. 교통편 사정이나 생활 정리 등의 이유로 일괄적인 이동은 어려웠고, 각각의 사정에 따라 환국하도록 한 것이다. 상해까지 이동하는 비행기는 두 대였다. 11월 5일 임시정부는 충칭 공항을 출발하였다. 주석 김구를 비롯한 국무위원과 경위대원을 포함하여 모두 29명이 두 대의 비행기에 탑승하였다. 이들은 5시간 만에 상해에 도착하였다.

임시정부 제2진으로 환국하다

당시 임시정부 요인들은 정부자격으로의 귀국을 요구하였지만, 미국 측은 개인자격으로의 입국을 고집했다. 결국 1945년 11월 19일 미국 측의 입장대로 미군사령관 위드마이어 장군에게 '개인자격의 귀국' 서약서를 제출하고서야 귀국할 수 있었다. 미군정은 11월 20일 비행기 한 대를 상해로 보내왔다. 그런데 탑승인원이 15명인 작은 비행기였다. 상해에 도착한 인원은 29명이었으므로 이들이 한꺼번에 탈 수는 없었다. 그 결과 11월 22일 국무회의를 열고 귀국하는 문제를 재차 논의하여, 1진과 2진으로 나누어 귀국하기로 했다. 1진은 모두 15명이었다.

> 김구 주석과 김규식 부주석, 이시영 국무위원, 엄항섭 선전부장, 김상덕 문화부장, 유동열 참모총장, 수행원으로 주치의인 유진동, 경위대원 윤경빈·이영길·백정갑·선우진, 김구 주석의 며느리인 안미생, 민영완, 부주석 김규식의 아들 김진동, 장준하

김구 주석과 김규식 부주석이 중심이 된 제1진은 11월 23일 상해 비행장을 출발하여 3시간 만인 오후 4시경 김포비행장에 내렸다. 이들의 귀국은 미군정 당국이 극비에 부쳤기 때문에 국민들에게 알려지지 않아 비행장에는 미군들만 대기하고 있었다. 제2진은 모두 22명이었고 신익희는 제2진으로 환국하였다.

임시정부 요인 제1진 환국(1945년 11월 23일)

대한민국 임시정부 환영(1945년 12월 19일)

임시의정원 의장 홍진과 국무위원 조성환·황학수·장건상·김붕준·성주식·유림·김성숙·조경한, 외무부장 조소앙, 재무부장 조완구, 법무부장 최동오, 군무부장 김원봉, 내무부장 신익희, 수행원 노능서·서상열·이계현·윤재현·안우생, 그리고 중국인 무전기사 3명

제2진은 12월 1일 상해를 출발하여, 다음 날 서울에 도착하였다. 이들은 김포비행장에 다다랐지만, 비행장에 폭설이 내려 착륙할 수 없었다. 비행기는 착륙할 곳을 찾아 남쪽으로 내려갔고, 저녁이 되어서야 군산비행장에 내렸다. 여기서 자동차로 이동하다가 논산에서 하룻밤을 지내고, 다음 날 대전 유성에서 비행기를 타고 김포비행장에 도착하였다.

귀국 당시 조소앙과 신익희는 실무진이 먼저 귀국하고 국내정세를 파악하는 등 귀국기반을 마련한 뒤 주석을 비롯한 정부와 임시의정원 대표가 귀국하자는 안을 제안했지만, 결국 주석과 부주석이 먼저 귀국, 의정원의장과 행정 각 부장을 중심으로 2진이 귀국한 것이다.

이처럼 임시정부의 환국은 매우 초라한 모습이었다. 특히 이승만의 입국과 비교하면 더욱 그러했다. 이는 개인자격의 귀국이라는 점이 형식적 이유였지만, 실제는 미국의 대한반도 정책, 즉 임시정부불승인정책에 따른 것이었다.

신익희는 임시정부 내무부장이었기 때문에 귀국하자마자 할 일이 많았다. 충칭에서는 그곳이 망명동포사회였기에 내무부의 역할이 그리 크지 않았지만, 귀국해서는 사정이 달라졌다. 전 국토와 전 국민이 모두

내무부의 관할 대상이 되었다. 게다가 인민공화국이 수립된 상태에서 임시정부 법통문제까지 논란이 되었기 때문이었다.

신국가건설운동에 앞장서다 06

인민공화국의 체신부장

신익희는 귀국하기 전 국내에서 자생적으로 만들어진 건국준비위원회 중앙위원, 인민공화국 체신부장 등으로 임명되기도 하였다. 해방이 되자 국내외 각 정치단체는 신국가건설운동을 전개하였다. 국내에서 가장 먼저 신국가건설운동을 추진한 단체는 건국준비위원회였다. 건국준비위원회는 1945년 9월 6일 경기고여京畿高女(현 창덕여자고등학교)에서 전국인민대표자대회를 개최하고 조선인민공화국 임시 조직법안을 상정, 통과시켰다. 그리고 이승만, 여운형, 허헌, 김규식, 이관술, 김구, 김성수, 김병로, 신익희, 안재홍, 조만식, 이여성 등 55명을 중앙인민위원으로 선출하고, 후보위원 20명, 고문 12명을 선출하였다. 이날 회의는 여운형이 임시의장이 되어 진행하였다. 이미 좌우익 모든 세력은 신익희를 신국가의 민족 지도자 중 한 명으로 거론하고 있었다.

특히 건국준비위원회는 1945년 9월 9일 미군이 진주한다는 소식을 듣고 9월 8일 인민공화국을 수립하면서 다음과 같은 인민공화국 내각을 발표하였다.

주석	이승만
부주석	허헌
문교부장	김성수
내무부장	김구
사법부장	김병로
부주석	여운형
외무부장	김규식
경제부장	하필원
재정부장	조만식
체신부장	신익희

즉, 인민공화국은 좌파를 중심으로 구성하였지만, 해외에 있는 민족세력이 귀국하지 못한 상황에서 이들도 일부 포함시켰다. 미국에 우호적인 이승만을 주석으로 하고 신익희는 체신부장으로 임명한 것이다. 내각에는 김구, 안재홍, 조만식, 김성수, 김병로 등도 포함되었다. 이는 미군이 진주하면 곧바로 인민공화국을 정부로서 승인받기 위한 포석이었다. 사전 동의를 받지 않고 급하게 만든 조직이긴 하지만, 신익희를 체신부장에 임명한 것은 일제강점기 연통제를 통해 국내로 특파원을 파견하여 임무를 수행했던 경험이 있기 때문이다. 사실 연통제는 안창호

가 제안했지만, 임시정부 내무부 차장이었던 신익희가 실질적으로 운영하였다. 신익희의 체신부장 임명은 신익희가 민족지도자 중 한 명이라는 것은 국내 민족세력이 인정하고 있었음을 간접적으로 반영한 것이다. 그리고 해방 직후 국내에서 거국적으로 만들어진 인민공화국 각료 명단에 신익희가 거론된 것은 신익희라는 이름이 국내에 더 알려지는 계기가 되었고, 귀국 후 신익희의 정치적 영향력을 확대시키는 데도 기여하였다.

정치공작대와 행정연구위원회를 조직하다

1945년 11월 초 '임시의정원과 정부각료연석회의'에서 임시정부가 국내에서 수행할 일들에 대해 의견을 제시하였다.

> 우리 임시정부가 미국과 소련의 군정 밑에서 그대로 정부행세를 할 수도 없으려니와 그대로 행세하여 보았자 이것은 '뿌리 없는 나무'요 '모래위의 누각' 밖에는 아니 되어 한 번의 광풍이나 홍수에 쓰러지고 넘어질 것이니 무엇보다도 서둘러야 할 것이 조직입니다. …… 지금까지는 해외에서 독립운동을 하였으나 앞으로는 국내에서 동포들과 어울려서 본격적인 독립운동을 전개할 단계에 있습니다. …… 임시정부를 주축으로 한데 뭉쳐서 새로운 단계에서 새로운 방법으로 독립운동을 전개해 나가야 우리 국가민족의 전도에 광명이 비칠 것이요

신익희는 당시 상황을 정확히 간파하고 있었다. 건국운동을 제2의 독립운동으로 상정하였다. 다시 말해 일제의 압제로부터 해방을 맞이하였지만, 미군과 소련군이 한국을 분할 점령한 상태에서 진정한 독립을 달성하지 못했으므로 이제는 국내에서 건국운동을 통하여 자주독립국가를 건설해야 한다는 것이다.

신익희는 11월 '임시의정원과 정부각료연석회의'에서 국내에 들어가 임시정부의 대중적 토대를 확보하기 위한 하부조직을 만들 것을 제안하였다.

> 따라서 우리가 환국하면 되도록은 사람들과 접하여 그들의 의견을 경청해야 하겠습니다. …… 우선 그들 속에 파고들어 조직 활동을 하여야 할 것입니다. 그 이름을 무엇이라 하던지 정치공작대政治工作隊라 해도 좋고, 임시정부 기구 밑에 두어 일인에게 빌붙어 부역하지 않은 덕망 있고 유능한 인사들을 모두 망라하여 조직을 펴야 할 것입니다.

귀국 직후인 1945년 12월 6일 임시정부의 조직적 기반을 확대하고자 임시정부 산하조직으로 정치공작대政治工作隊를 본격적으로 조직하였다. 정치공작대의 의결기관으로 정치위원회政治委員會도 설치하였다. 정치공작대는 신익희 중앙본부장 외에 중앙위원과 각 도에도 지방정치위원, 공작원을 두었다.

정치공작대는 함경남·북도, 평안남·북도와 황해도, 경상남·북도, 전라남·북도, 충청남·북도 등에 중앙본부원을 파견하여 조직 공작을

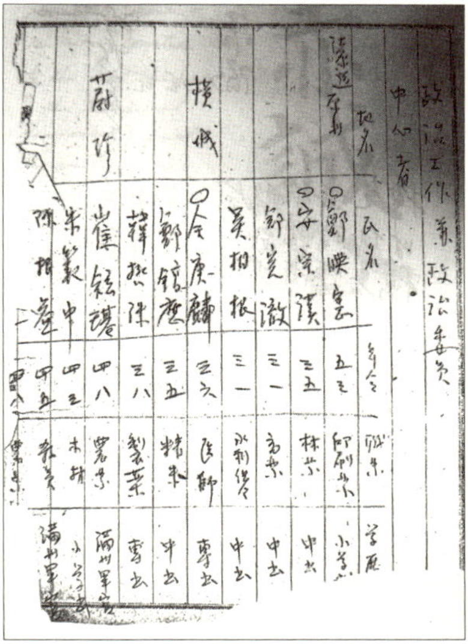

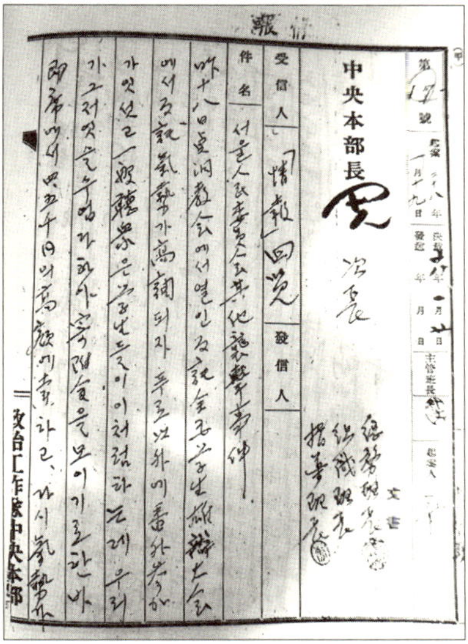

정치공작대 정치위원 명부(1946)

전개하였고, 강원도와 경기도는 중앙본부장의 출장기회에 수시로 공작하였다. 그리고 도道와 군郡에는 본부원, 면面과 리里에는 연락원을 두기도 하였다. 미군정 CIC보고서에 의하면 당시 정치공작대 본부원은 203명, 정치위원은 155명 등 총 358명이라고 한다. 각 도별 조직 상황은 다음과 같다.

경기도	본부원 25명, 정치위원 13명
경성부	본부원 5명
강원도	본부원 13명, 정치위원 5명

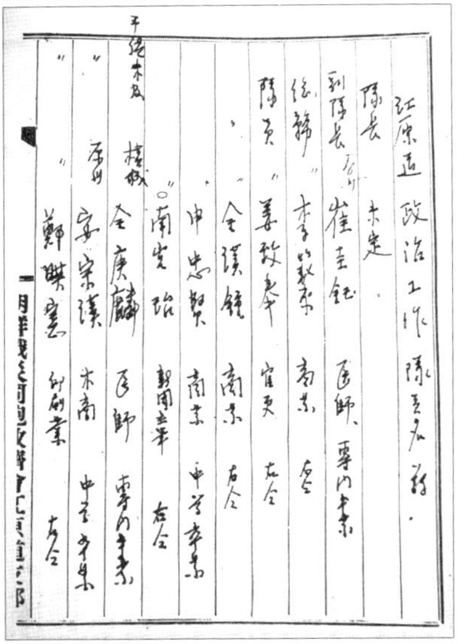

정치공작대 강원도 지부 명부(1946)

황해도 본부원 10명, 정치위원 8명
함경북도 본부원 3명, 정치위원 2명
함경남도 본부원 16명, 정치위원 10명
평안북도 본부원 9명, 정치위원 13명
평안남도 본부원 16명, 정치위원 11명
충청북도 본부원 5명, 정치위원 6명
충청남도 본부원 31명, 정치위원 21명
경상북도 본부원 8명, 정치위원 2명
경상남도 본부원 24명, 정치위원 22명
전라북도 본부원 18명, 정치위원 25명
전라남도 본부원 19명, 정치위원 17명

정치공작대 각도별 위원은 기록에 따라 차이가 나지만, 귀국과 동시에 중앙만이 아니라 각 도에도 지방정치위원과 공작원을 두는 등 전국적인 조직으로 운영했다는 사실은 명확하다. 이는 남과 북을 막론한 가장 광범한 임시정부 지방조직으로 작동되고 있었다. 그리고 정치공작대의 보고서는 임시정부 날인이 찍혀 있어 임시정부의 승인 하에 조직, 운영되었다는 사실도 확인할 수 있다.

정치공작대 조직과 관련해 몇 가지 특징이 있다. 첫째, 조직 결성 속도가 매우 빨랐다는 사실이다. 1945년 12월 6일 중앙조직을 결성한 이후 보름 만에 남북한 전역에 군郡 단위 조직까지 결성하였고, 한 달 만에 면面 단위 조직이 대체로 조직되었다. 이 정치공작대는 임시정부의 세력

기반임과 동시에 신익희의 세력기반이 되었다.

정치공작대가 급속하게 전국 조직으로 발전할 수 있었던 것은 임시정부의 후광도 있었지만 임시정부 특파사무국의 도움이 컸다. 특파사무국은 해방 직전 임시정부의 국내공작원으로 파견된 백창섭白昌燮을 중심으로 1945년 10월 하순 조중서曺仲瑞, 김제선金濟璿, 심창섭沈昌燮 등이 임시정부 환국에 대비하여 조직한 단체였다. 이들은 제1진의 승인을 받지 못하자 제2진 도착 후 내무부장 신익희를 찾아갔다. 당시 신익희는 11월 '임시의정원과 정부각료연석회의'에서 제안했던 내용, 즉 "우선 그들(국민) 속에 파고들어 조직 활동을 하여야 할 것입니다. 그 이름을 무엇이라 하던지 정치공작대라 해도 좋고, 임시정부 기구 밑에 두어 일인에게 빌붙어 부역하지 않은 덕망 있는 유능한 인사들을 모두 망라하여 조직을 펴야 할 것"이라는 내용을 재차 설명하였다. 그리고 임시정부 내무부 산하에 정치공작대가 조직되었다.

둘째, 정치공작대는 전국적인 단위로 조직되었다는 사실이다. 이는 해방 직후 서울에 설치된 특파사무국과 더불어 신익희가 이미 임시정부 시절 안창호와 함께 비밀 점조직 방식으로 내무부 아래 도道에는 감독부 → 군郡에는 총감부 → 면面에는 사감부로 계통화된 지방행정조직망을 운영해 본 경험도 작용하였다. 실제 정치공작대도 비밀 점조직 방식을 채택하였다. 중앙본부 → 도조직 → 군(부)조직 → 면연락부 → 리·동 연락반으로 계선조직으로 구축하였다.

신익희는 정치공작대와 아울러 행정연구위원회를 조직하였다. 행정연구위원회는 "임시정부의 건국강령을 실천함에 필요한 행정준비"를

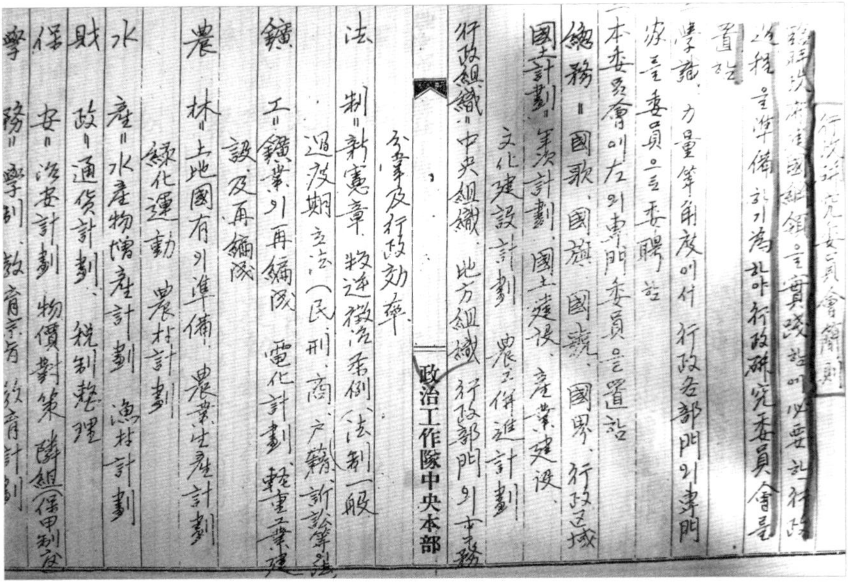

행정연구위원회 회칙(1946)

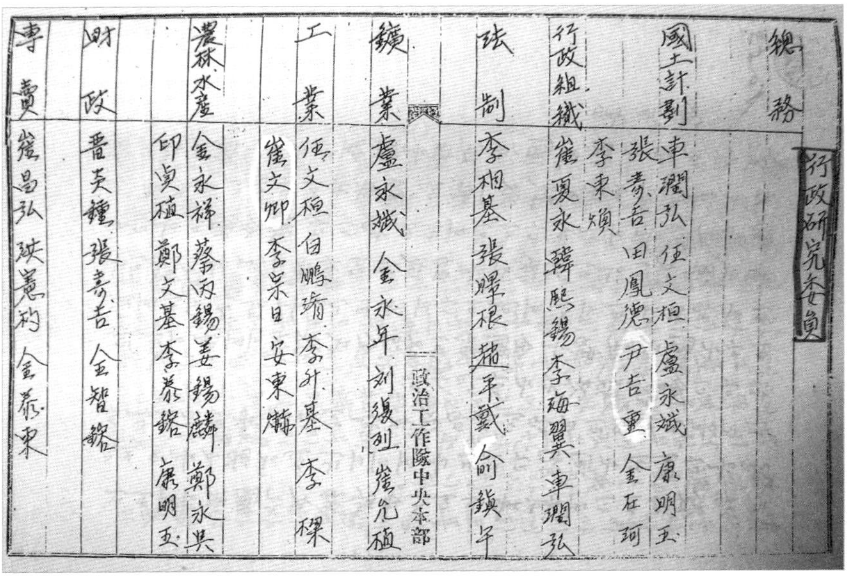

행정연구위원회 명단(1946)

목적으로 조직되었다. 이를 위해 일제강점기 행정관료 경험이 있던 이들 중 건국 일선에서 실제 행정을 담당할 사람들을 선발하여 행정연구위원회를 만들어 장차 국가의 통치 행정을 준비하고 시정 자료수집과 연구를 담당하도록 하였다. 미군정 CIC보고서에 의하면 행정연구위원회 간칙行政研究委員會簡則을 다음과 같다.

1. 임시정부 건국강령을 실천함에 필요한 행정과정을 준비하기 위하여 행정연구위원회를 설치함
2. 학식, 역량 등 각 방면에서 행정 각 부문의 전문가를 위원으로 위촉함
3. 본 위원회에 다음의 전문위원회를 설치함
    - 총무 : 국가, 국기, 국호, 국계國界, 행정구역
    - 국토계획 : 년차 계획, 국토건설, 산업건설, 문화건설계획, 농공農工병진併進계획
    - 행정조직 : 중앙조직, 지방조직, 행정부문의 사무, 분장 및 행정효율
    - 법제 : 헌장憲章, 반역징몰叛逆徵沒, 법제일반法制一般, 민형상호적소송民刑商戶籍訴訟 등의 법
    - 광공鑛工 : 광업의 재편성, 전화電化계획, 경중공업 건설 및 재편성
    - 농림 : 토지국유의 준비, 농업생산계획, 녹화운동綠化運動 등
    - 수산 : 수산물증산계획, 어로漁撈계획
    - 재정 : 통화계획, 세제정리

• 보안 : 보안계획, 물가대책, 린조隣組, 보갑제保甲制

• 학무 : 학제, 교육이념, 교육계획

즉, 임시정부의 건국강령을 실천하기 위해 필요한 행정연구위원회를 설치하고, 각 분야별로 전문가를 위촉할 수 있도록 하였다. 그리고 10개의 전문위원회가 총무·국토계획·행정조직·법제·광업·공업·농림수산·재정·전매專賣·보안·학무·사회교육·후생·교통·체신·적산敵産·국민조직·검찰·무역 등 20여 개의 전문위원회로 운영하였다. 그런데 전문분야의 특성상, 경력자들이 필요했고 이들은 법제 전문위원 유진오와 같이 친일경력자도 상당수 포함되었다.

한편, 행정연구위원회에서는 현재 정확한 내용은 확인되지 않고 있지만 신국가 건설을 위한 '한국헌법韓國憲法'을 만들었다. 이 헌법은 '제헌헌법'의 초안을 만드는 데 활용되었다. 유진호의 회고에 의하면 제헌국회의 헌법초안은 1947년 입법의원의 '임시약헌', 1947년 4월 7일 하지 장군이 공포한「조선인민의 권리에 관한 포고」, 충칭 임시정부에서 공포한「대한민국 건국강령」, 1946년 미소공동위원회에 제출하기 위하여 작성된 민주주의민족전선의「조선민주공화국 임시 약헌」, 민주의원의「임시헌법」, 1946년의 행정연구회의「한국헌법」,「제2차 미소공동위원회에 제출된 자문 제5·6호에 대한 각 정당 및 사회단체의 답신」,「조선민주주의인민공화국 헌법」(북한), 각 정당의「강령과 정책」등을 참고하였다고 한다. 즉, 한국헌법은 제헌국회 헌법 초안으로 작동되었다. 결국 임시정부의 헌법을 제정한 신익희가 행정연구위원회 법제위원인 유진오를 통해 '한국헌법'을 만들고, 행정연구위원회 법제위원인 유진오가 '제헌헌법'을 제정하여, '제헌헌법'에는 신익희의 철학과 사상이 간접적으로 반영되었다고 볼 수 있다.

귀국 후 정치공작대와 행정연구위원회를 조직하여, 전국적인 조직과 행정의 모든 업무를 장악하는 등 신익희 시대가 다시 시작되었다. 이는 내무부장으로서 당연한 조치였지만, 당시 정가에서는 신익희에 대한 경계의 목소리가 높아갔다.

반탁운동과 「국자 제1·2호」 발표

1945년 12월 28일 모스크바삼상회의결정안이 공식 발표되었다. 5년간 신탁통치 실시와 미·소가 공동으로 새로운 임시민주정부를 수립한다는 안이었다. 그런데 모스크바삼상회의결정안이 국내에 알려질 때는 새로운 임시정부 수립은 제외되고 한국에 신탁통치가 실시될 것이라는 사실만 부각되어 알려졌다. 이후 신탁통치 파동은 한국 현대사의 가장 큰 사건 중 하나가 되었다. 사실 임시정부가 신탁통치를 반대한 것은 1943년부터였다. 당시는 국제공동관리 즉, 국제공관설國際共管設로 불리었다. 그렇기에 모스크바삼상회의결정안은 임시정부 입장에서 보면 1943년부터 거부해 왔던 국제공관설과 동일시되었다. 실제 임시정부의 반탁운동은 1943년부터 이해할 필요가 있다. 여기에 새로운 임시정부를 수립한다는 것도 충칭 임시정부의 입장에서는 이해할 수 없었다. 충칭 임시정부의 존재를 부정하는 결정이었기 때문이었다.

신탁통치반대 대회(1946)

충칭 임시정부는 모스크바삼상회의결정안이 보도된 1945년 12월 28일 각 정당 대표와 종교, 언론 관계자를 모아 반탁운동을 새로운 독립운동으로 선포하면서 신탁통치반대국민총동원위원회를 결성하였다.

성명서

우리는 피로써 건립한 독립국과 정부가 이미 존재하였음을 다시 선언한다. 5천 년의 주권과 3천만의 자유를 전취하기 위해서는 자기의 정치활동을 옹호하고 외래의 탁치세력을 배격함에 있다. 우리의 혁혁한 혁명을 완성하자면 민족이 일치로써 최후까지 분투할 뿐이다. 일어나자 동포여.

1945년 12월 28일

결의문

- 신탁통치를 반대하기 위하여 기구를 창립하되 명칭은 탁치반대국민총동원위원회라 칭함
- 탁치반대국민총동원위원회는 각 정당 각종교 각회사 단체 기타유지인사로 조직함
- 탁치반대국민총동원위원회의 기관은 중앙군면中央郡面에 종從으로 분설分設할 것
- 탁치반대국민총동원위원회는 국무위원회의 지도를 수受할 것
- 탁치반대국민총동원위원회에는 탁치반대국민총동원위원회를 지도하는 위원 7인을 선출하여 해외에 대한 지도위원회를 설치함
- 재정은 지원자의 희망과 정부의 보조로써 충용할 것

그리고 탁치반대국민총동원위원회의 장정위원章程委員으로 신익희를 비롯하여, 김구·조소앙·김약산·조한·유림·김규식·김명준·엄항섭·최동 등 9명을 선출하였다.

신탁통치반대국민총동원위원회는 12월 29일 임시정부의 즉각적인 주권행사를 건의하고, 김구는 이를 내무부장인 신익희에게 지시하였다. 12월 30일 내무부 산하의 행정연구위원회로 하여금 신탁통치 반대 및 전국 군정청 소속 한인 직원을 임시정부 산하에 둔다는 「임정포고문」을 작성하였다. 그리고 정치공작대로 하여금 반탁시위를 지시하였다. 12월 31일 임정 내무부장 신익희 명의로 국자國字 1호와 국자 2호를 발표하였다.

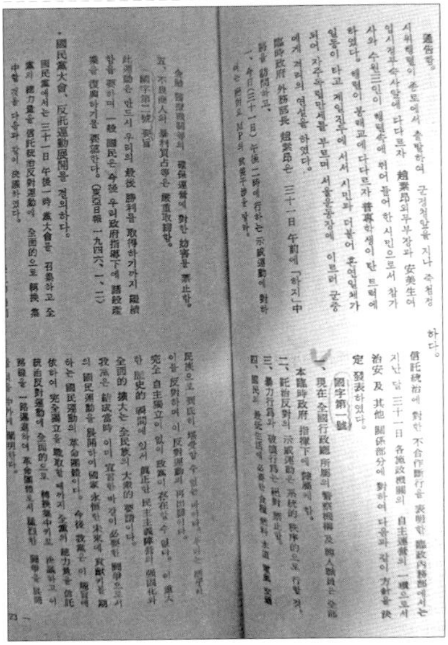

국자 제1호와 국자 제1호(1945. 12)

〈국자 제1호〉

1. 현재 전국 행정청 소속의 경찰기구 및 한인 직원을 전부 본 임시정부 지휘 하에 예속케 함
2. 탁치반대의 시위운동을 계통적 행할 것
3. 폭력행위와 파괴행위는 절대 금함
4. 국민의 최저 생활에 필요한 식량, 연료, 수도, 전기, 교통, 금융, 의료기관 등의 확보 운영에 대한 방해를 금지함

〈국자 제2호〉

이 운동은 반드시 우리의 최후 승리를 취득하기까지 계속함을 요하며 일반 국민은 금후 우리 정부 지도하에 제반 사업을 부흥하기를 요망한다.

이 국자 1·2호는 신익희가 직접 운영하고 있던 정치공작대원들이 중심이 되어 서울 시내 곳곳에 붙었고, 각 지방에도 전달되었다. 1946년에 들어서부터는 정치공작대원들이 신탁통치반대국민총동원위원회에 직접 참여하였다. 실제 신익희는 1945년 12월 말 서울 시내 9개 경찰서장을 정치공작대 중앙본부로 불러 임시정부 지령에 따를 것을 지시하였고, 경찰서장은 이에 적극 동조하였다. 그리고 신탁통치반대국민총동원위원회 부산시위원장인 최석봉崔錫鳳은 정치공작대 경상도지방위원이었다.

국자 1호는 미군정이 장악하고 있는 전국의 행정과 경찰기구를 임시정부가 접수한다는 것이고, 국자 2호는 국민들을 임시정부가 관장한다고 하여 주권행사를 선언한 것이다. 이러한 임시정부의 국자 1호와 극자 2호에 대해 미군정은 미군정에 대한 '쿠데타'로 규정하였다. 미군정청장 하지는 모스크바삼상회의가 알려지면 한국에서 반란이 일어날 것이라고 보고한 바 있지만, 임시정부가 주권행사까지 선언할 것이라고는 예상하지 못하였다. 이에 미군정은 주요 임시정부 요인들을 인천의 일본군이 설치한 미군포로수용소 건물에 감금하였다가 중국으로 추방할 계획을 세우기도 하였다. 1946년 1월 1일 김구와 미군정 하지 장군이 만나 가까스로 수습되었지만, 이를 계기로 미군정의 임시정부에 대한 견제와 감시는 강화되었다. 신익희는 1946년 1월 3일 CIC본부로 연행되어 이틀 동안 심문을 받았다.

이 과정에서 임시정부와 신익희는 해방공간에 급부상하였다. 신익희는 '국자 1호'와 '국자 2호'를 선포하면서 '신익희'라는 이름을 전 국민에게 각인시켰다. 임시정부도 인민공화국에 열세였던 상황을 반전시키고 남한 정국을 이끄는 결정적 역할을 하였다. 반면 미군정이 임시정부를 경계하고 감시하는 대립 관계가 성립되었다. 신탁통치 파동을 거치면서 신익희의 입지는 커져 임시정부 내에서도 '신익희의 임시정부'라는 소리가 나오고 있었고, "이제 천하는 신익희 천하이지 백범 주석의 천하라는 말은 벌써 예전"이라면서 신익희에 대한 경계심이 더욱 커졌다.

모스크바삼상회의 후 임시정부 세력은 북한의 정권기관에 민감하게 대응하였다. 북한 지역에서 임시인민위원회라는 준국가기구의 출범은 유일정부를 자처하는 김구와 임시정부의 권위를 손상시켰다. 이에 1946년 반탁운동은 북한 지역 권력기구 타격으로 나아갔다.

1946년 1월 백시영·강응용 등은 신익희의 반탁포고문을 가지고 월북하였고, 반탁학련에서 윤한구·최중하 등으로 구성된 대북반탁공작대 7명은 북한으로 가서 조만식을 만나고 반탁결의문에 서명을 받아 반탁국민총동원위원회에 전달하였다. 이러한 임시정부의 대북정책은 신익희가 수장으로 있는 내무부의 조직국과 정보국에서 주도하였다. 실제적인 행동은 정치공작대와 연결되었다. 임시정부의 대북정책은 일종의 특수공작으로 다음과 같은 잠행행동潛行行動을 원칙으로 삼았다.

① 건국광인建國狂人을 북한으로 보낼 기초 준비가 필요
② 자급자족에 방도를 연구할 만한 질적 인물만 필요
③ 각 지방조직체는 그 지방 중심으로 인물 경제를 운영토록 할 것

당시 정치공작대는 남한은 물론 북한에도 행동대원을 파견하였다. 1946년 초 파견된 대원들의 임무는 반탁운동의 전개, 북한 지역의 지도자 및 정당, 그리고 북조선임시인민위원회에 대한 정보 수집, 임시정부를 지지하는 우익세력 조직 등이었다. 유치송은 북한 지역 반탁운동 사

례를 다음과 같이 적고 있다.

> 그로부터 며칠 뒤인 1월 7일 새벽 신익희는 백시영, 강응룡에게 친필 신임장을 주어 북으로 밀파시켰다. 그들은 각자 5천 원씩의 여비와 포고문 1·2호를 지참하고 서울을 출발, 황해도 청단靑丹을 거쳐 38선을 넘었다. 주로 평안 남북도 기독교계 인사를 포섭하여 임시정부의 지령을 받아 반탁우동을 전개해야 하는 막중한 사명이 그들에게 지워져 있었다. 다음날 저녁 그들은 평양에 잠입하는 데 성공했다. 평양 도착하자마자 그들은 정치공작대 조직을 통해 반탁운동을 치열하게 전개하였다. 이 무렵 같은 사명을 띠고 평안 남북도 지역에 밀파되었던 유익배柳益培 등은 주로 학생층을 맡아 공작했는데, 뒤에 북한 보안대에게서 많은 수난을 당하기도 하였다.

이러한 활동은 미군정 CIC의 『신익희 파일(Shin Ik Hi File)』에서도 확인할 수 있다. 해방 직후 대북 테러활동을 주도했던 '백의사白衣社 결사대'가 신익희, 정치공작대와 어느 정도 결합되어 있는지는 명확하지 않지만, 정치공작대의 대북타격 활동의 일부가 백의사의 지원을 받아 추진된 것으로 이해된다. 백의사는 1945년 11월경 월남한 청년, 학생들을 중심으로 서울에서 조직되었다. 백의사의 전신은 일제 말기 평양에서 조직된 대동단大同團으로 해방 직후 평양 지역에서 테러 활동을 하다가 서울에서 재조직되었다. 염흥택을 중심으로 이성렬·백시영·김형집·최기성·이희두 등으로 구성된 이들은 1946년 2월 초 신익희를 만나면서 활동을 본격화 하였다. 당시 신익희는 정치공작대 대원들에게 정보 수집 요령과 지하활동 방법 등을 교육 시킨 후 북한에 파견하고 대북타격정책을 추진하고 있었다.

백의사는 정치공작대·신익희와는 별개였다. 그럼에도 양자는 1946년 초 필요에 의해 결합되었다. 그리고 정치공작대 대원들은 백의사 결사대의 지원을 받아 김일성 암살 등을 계획하였다. 정치공작대원과 백의사 결사대는 평양역 앞 광장에서 열린 북한의 3·1절 기념행사에서 반탁운동과 북한 지도자 암살을 목적으로 수류탄을 투척하기도 하였다. 미군정 CIC의 『신익희 파일』에 의하면, 당시 신익희는 평양의 3·1절 기념행사 폭탄투척을 통해 북조선임시인민위원회 위원장이며 조선공산당 북조선북군 책임비서이던 김일성을 죽이려 했다고 한다. 이 사건은 소련군 경비대장만 다치고 실패하였지만, 이후 3월 3일과 5일에는 최용건 집을 습격하였고, 3월 9일 김책, 3월 11일 강양욱의 집을 각각 습격하는 등 이후에도 북한 지도자들의 암살시도는 계속되었다. 이들 중 최기성과 김정의는 체포되었고, 이희두는 사살되었으며, 이성렬은 월남하였다. 이들의 아지트에는 임시정부 포고문 1·2호가 발견되었다고 한다.

이와 같이 1946년 초 북한 지역의 테러 활동은 신익희와 임시정부의 대북타격정책과 무관하지 않았다. 이러한 임시정부의 대북타격정책에 대해 한 연구자는 "임정법통론의 외곽을 전국적으로 확대시키는 것"이라고 하면서 그것은 북한인민위원회의 실질적 타도보다는 임시정부의 권위를 높이는 일종의 '외곽 때리기'로 평가했다.

미군정에 반대한 '제2차 쿠데타'

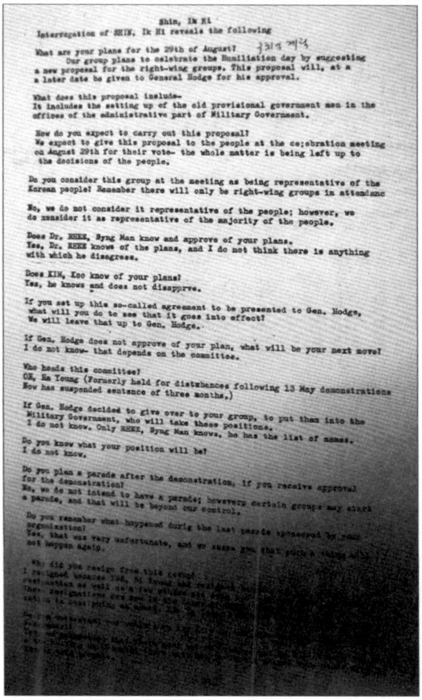

Shin, Ik Hi

Interrogation of SHIN, Ik Hi reveals the following

What are your plans for the 29th of August?
Our group plans to celebrate the Humiliation day by suggesting a new proposal for the right-wing groups. This proposal will, at a a later date be given to General Hodge for his approval.

What does this proposal include-
It includes the setting up of the old provisional government men in the offices of the administrative part of Military Government.

How do you expect to carry out this proposal?
We expect to give this proposal to the people at the ce;ebration meeting on August 29th for their vote- the whole matter is being left up to the decisions of the people.

Do you consider this group at the meeting as being representative of the Korean people? Remember there will only be right-wing groups in attendanc

No, we do not consider it representative of the people; however, we do xensider it as representative of the majority of the people.

Does Dr. RHEE, Byng Man know and approve of your plans.
Yes, Dr. RHEE knows of the plans, and I do not think there is anything with which he disagrees.

Does KIM, Koo know of your plans?
Yes, he knows and does not disapprve.

If you set up this so-called agreement to be presented to Gen. Hodge, what will you do to see that it goes into effect?
We will leave that up to Gen. Hodge.

If Gen. Hodge does not approve of your plan, what will be your next move?
I do not know- that depends on the committee.

Who heads this committee?
OH, Ha Young (Formerly held for distubances following 13 May demonstrations Now has suspended sentence of three months.)

If Gen. Hodge decided to give over to your group, to put them into the Military Government, who will take these positions.
I do not know. Only RHEE, Byng Man knows, he has the list of names.

Do you know what your position will be?
I do not know.

Do you plan a parade after the demonstration, if you receive approval for the demonstration?
No, we do not intend to have a parade; howeverr certain groups may start a parade, and that will be beyond our control.

신익희 제2쿠데타에 대한 미군정보고서(1946. 9)

임시정부가 반탁운동을 전개하면서 국자 1·2호를 선포하자 미군정은 이를 임시정부의 '쿠데타'로 규정하였다. 그런데 1946년 8월 29일 '제2차 쿠데타'가 다시 발생하였다.

1946년 8월 29일 국치일國恥日을 맞이하여, 입법권은 임시정부의 비상국민회의에 넘기고 "남북군정의 조속 철퇴"를 요구하면서, 대통령(이승만)·부통령(김구)·내각수반(김규식) 등 '대한민국大韓民國' 정부요인까지 선정하여 발표하는 사건이 발생했다. 이날 새로운 임시정부 간부명단이 적힌 유인물과 함께 "우리는 공식적으로 대한민국 임시정부를 공식정부로 승인한다. 우리는 스스로 독립민주국가의 설립을 선포한다"는 내용의 유인물이 "대한민국 국민대회" 명의로 뿌려졌다. 이 유인물의 맨 끝에는 "동시에 우리는 오늘부터 임시정부를 우리의 정부로 간주할 것이다. 우리는 우리가 오늘 한 일이 천의天意임을 선언한다"고 하였다. 이 계획은 이승만이나 김구의 지도 또는 묵인 속에 추진되었다. 미군정이 재차 '임시정부 쿠데타', '신익희 쿠데타'로 규정한 이 사건은 8월 21일 한국민주당 장덕수張德秀가 미군정 CIC본부에 알림으로써 발각되었다. 그리고 이 사건을 준비한 신익희는 사택 수색을 당하고 연행·감금되었다. 이때 CIC에서 압류한 자료와 신문조서가 미군정 CIC보고서 『신익희 파일』로 정리되었다.

신익희 쿠데타의 목적은 그가 8월 27일 친필로 내린 서신 지시문에 잘 나와 있다.

1. 정부수립을 도圖하여 입법권을 비상국민회의 – 민주의원 및 장래 설치될 입법기구를 포함하여 – 에 부여할 것
2. 행정권을 한인에 이교移交할 것
3. 과도정부 건립에 우리 민족 총력을 집중할 것

8월 29일 국치일 행사는 서울운동장에서 '애국단체연합회' 명의로 열렸다. 행사에는 1만여 명이 참석했다. 독촉국민회의 국민구호가 뿌려지고, 새로운 임시정부 각료 명단이 발표되었다. 그리고 그날 살포된 성명서에는 "이제는 우리 손으로 우리 정부를 수립하여 독립을 성취함으로써 이 지옥 같은 고통으로부터 벗어나야 할 때"라고 하면서 쿠데타의 방향을 제시하였다.

이렇게 1945년과 1946년 임시정부 쿠데타의 핵심조직은 정치공작대와 행정연구위원회였다. 그리고 임시정부 – 정치공작대와 신익희 쿠데타와의 유기적 관계는 당시 미군정 CIC에서도 이미 알고 있었다. CIC의 『신익희 파일』에 의하면 미군정 CIC는 1946년 9월 27일 신익희가 재차 여타 조직망을 동원해 대규모 집회를 계획하고 있다는 첩보를 입수하여

대책을 마련하였고, 이에 신익희는 계획을 연기해서 10월 27일 대규모 시위를 준비하였으며 군정 내 한인관리에 대한 암살계획도 꾸미고 있다고 지속적으로 의심을 받았다.

남조선과도입법의원에 참여하다

1946년 8월 29일 '제2쿠데타'를 일으킨 신익희는 1946년 12월 남조선과도입법의원에 참여하였다. 당시 미군정은 좌우합작위원회를 중심으로 남조선과도입법의원을 세워 정국을 이끌고자 하였다. 그러나 9월 총파업, 10월 항쟁 등으로 좌우합작위원회 등은 선거연기를 요청하였지만, 미군정은 10월 말까지 남조선과도입법의원 선거를 끝내려 하였다. 당시 선거권은 가장에게만 주어졌고, 그나마 납세자격요건으로 해서 10가구당 1명 정도에게만 선거권이 부여되거나 면장面長이 일괄적으로 투표하기도 하였다. 10월 항쟁으로 좌파는 검거되거나 도피중이어서 좌파의 선거 참여는 원칙적으로 봉쇄되었다. 반면 독립촉성국민회, 한민당 등 우익들은 경찰들의 비호를 받으면서 선거를 추진하였다. 그 결과 민선의원 45명 중 독립촉성국민회 17명, 한민당 14명이고 한국독립당은 단 3명뿐이었다.

8월 29일 쿠데타 실패 후 신익희는 1946년 10월 입법의원 선거에는 불참하였으나 12월 12일 재선거에 참여하였다. 1946년 당시 이승만은 처음부터 입법의원 적극 참여를, (통합)한국독립당은 1946년 4월 3당 합당 후 입법의원 선거문제로 임시정부계열의 불참입장과 구국민당계·구신한민족당계의 참여입장으로 미묘한 갈등을 보였지만 개인자격의 참여로 정리되었다. 당시 신익희의 재선거 참여는 서울시민의 요구도 작용하였다. 서울시 동연합회장 박정근朴定根은 1946년 12월 21일 조소앙·신익희·김상덕 3인의 입법의원 출마를 요구하는 담화를 발표하였다.

> 동련으로서는 군정당국으로부터 협의가 있어 재선에 응한 바이며 재선에 있어서는 친일파의 지칭을 받아 세간의 물의를 받는 사람은 배제하고 애국지사 3명을 우리 대의원후보로 추천한 것이다. 무엇으로 보든지 조소앙, 신익희 및 김상덕 세 분을 후보로 추천한 것이 시민의 총의가 아니라는 것은 부당한 말이다. 동련의 명의남용 운운은 모정당의 모략이라고 생각한다.

입법의원 서울시 대의원 재선은 12월 23일 오전 10시부터 남대문국민학교에서 거행되어 정오 투표마감을 하였고, 조소앙·신익희·김도연 등 3인이 당선되었다.

〈서울 갑구甲區〉

총유권자 336 투표자 266 기권자 70 무효 11

(1) 신익희 133표(한국독립당)

(2) 장덕수 121표(한민당)

(3) 김호엽 13표(독촉)

신익희는 서울에서 한국독립당 후보로 출마하여 한민당의 대표였던 장덕수를 물리치고 당선되었다. 역시 한국독립당의 조소앙도 한민당의 김성수를 누르고 당선되었다. 서울에서 한국독립당과 한민당의 대결에서 한국독립당이 승리하고 한민당의 두 영수가 우익의 절대적인 비호에도 불구하고 패배한 것이다. 1946년 12월 남조선과도입법의원 보권선거 때까지 신익희는 한국독립당 당적으로 입법의원 선거에 임하였다.

한국독립당 당적으로 보궐선거에 당선된 신익희는 남조선과도입법의원에서 임시정부의 계획이었던 '정권이양' 계획을 재차 실현시키려고 하였다. 1946년 말, 1947년 초까지 한국독립당계열로 행동을 같이하고 있었다.

일례로 신익희는 1947년 2월 27일 남조선과도입법의원 제23차 회의에서 남조선과도행정조직법南朝鮮過渡行政組織法 초안을 상정하였다. 이 행정조직법은 "남한의 행정을 미군정으로부터 이양"받는 것을 목적으로 하고 있었다. 입법의원에서 주석·부주석을 선출하고 중앙행정조직·지방행정조직을 직접 조직할 수 있도록 한 것이다. 중앙행정조직에는 비서처·법제처·공보처·내무부·외무부·공상부·노동부·농림부·문교부·보건후생부·군무부·사법부·교통부·체신부 등을 두고, 각각의 처處와 부部에는 다시 몇 개의 국局을 설치하도록 하였다. 지방행정조직도 도道·군郡 지방자치단체를 두고, 각각의 하급기관을 두도록 하여, 실질적인 정부를 세우고자 하였다. 그러나 이 계획안은 미군정의 강력한 거부와 이승만과 한민당의 선先선거법제정選擧法制定 후後정부수립안政府樹立案에 밀려 좌절되었다.

신익희는 입법의원에서 1947년 1월 법제사법위원회 위원, 행정조직기초특별위원회 위원장, 미소공위대책위원장 등을 역임하였다. 특히 1947년 6월 미소공위대책위원장으로 입법의원의 미소공위 답신안을 보고하였고, 부일협력자·민족반역자 등에 관한 법률안 수정 작업에도 직접 참여하였다. 그리고 1947년 2월 13일 군정청 초청 미국신문기자단과의 인터뷰에서 신익희는 적산처리 방안 등에 대해서도 "이 재산은 과거에 일인이 한국인의 고혈을 짜내 착취한 것"으로 일본의 배상대상이 될 수 없고, 미군정의 관리도 임시적이며 마땅히 한국인 관리가 되어야 한다는 입장을 명확히 하였다.

첫째 우리는 신탁의 의미 여하를 불문하고 이를 반대한다. 둘째로 한국내에 있는 전 일본인 재산을 적산으로 취급하고 있는데 이 재산은 과거에 일인이 한국인의 고혈을 짜내어 착취한 것이며 전 한국 재산의 8할 이상을 점령하고 있다. 만일 이것을 일본에 대한 배상대상으로 인정하게 된다면 한국경제에 독립이 없을 것이다. 일국의 독립은 경제독립이 없이 성립될 수 없는 것이다. 그뿐 아니라 임시적이나마 이의 취급을 현재 사정에 어두운 미군관리만이 장악하고 있었는데 이에는 마땅히 한국인 관리가 참여하여 적절한 처리를 하도록 해야 할 것이다.

신익희는 1948년 3월 김규식에 이어 남조선과도입법의원 제2대 의장에 선출되었다. 신익희는 1946년 8월 '쿠데타'에 의한 정권이양을 구상했다면, 1946년 12월 남조선과도입법의원에 참여하여 정권·행정권·

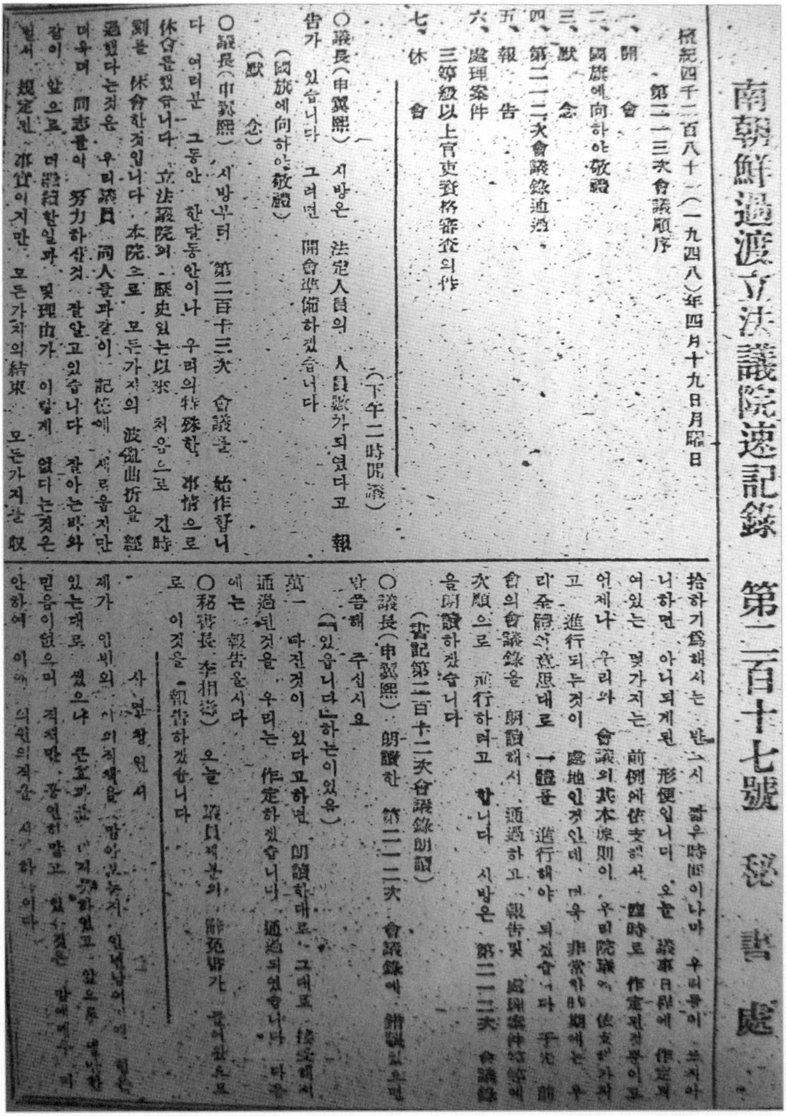
南朝鮮過渡立法議院速記錄 第二百十七號 秘書處

檀紀四千二百八十一(一九四八)年四月十九日月曜日

第二一三次會議順序

一、開會
二、國旗에向하야敬禮
三、默念
四、第二一二次會議錄通過
五、報告
六、處理案件
三等級以上官吏資格審査의件
七、休會

(下午二時開議)

○議長(申翼熙) 지방은 法定人員의 人員數가 되였다고 報告가 있읍니다 그러면 開會準備하겠읍니다

(國旗에向하야敬禮)

(默念)

○議長(申翼熙) 시방부터 第二百十三次 會議를 始作합니다 여러분 그동안 한달동안이나 우리의特殊한 事情으로 休會를했읍니다 立法議院이 歷史있는以來 처음으로 긴時期를 休會한것입니다. 本院으로 모든가지의 波瀾曲折을 經過했다는것은 우리議員 同人들과같이 記憶에 새로웁지만 더욱며 同志들이 努力하신것 잘알고있읍니다 잘아는바와 같이 앞으로 [illegible]할일과 및理由가 이렇게 없다는것은 법서 規定된 事實이지만 모든가지의結果 모든가지를 取捨하기爲해서는 반드시 끝우時間이나마 우리들이 보지아니하면 아니되게된 形便입니다 오늘 議事日程에 作定되어있는 몇가지는 前例에依支해서 臨時로 作定된것뿐이고 언제나 우리와 會議의基本原則이 우리院議에 依支해가지고 進行되는것이 處地인것인데, 더욱 非常한時期에는 우리全體의意思대로 一體를 進行해야 되겠읍니다 于先 前會의會議錄을 朗讀해서 通過하고 報告및 處理案件의順에 次順으로 進行하려고 합니다 시방은 第二一二次 會議錄을朗讀하겠읍니다

(書記第二百十二次會議錄朗讀)

○議長(申翼熙) 朗讀한 第二一二次 會議錄에 錯誤있으면 말씀해 주십시요

(「있읍니다」하는이있음)

第一 따진것이 있다고하면 朗讀한대로 그대로 接受해서 通過된것을 우리는 作定하겠읍니다 通過되었읍니다 다음에는 報告올시다

○秘書長(李[illegible]) 오늘 議員제군의 辭退屆가 들어왔으므로 이것을 報告하겠읍니다

사 면 청 원 서

제가 입비의 사의직책을 [illegible] 이년남어 [illegible] 있는대로 했으나 [illegible] 믿음이 없으며 [illegible] 안하여 이에 의원의직을 사 합 니 다

신익희가 의장으로 활동할 당시 남조선과도입법의원 속기록(1948년 4월 19일)

재산권 이양 등을 통한 신국가건설운동을 추진하고 있었다.

민족대학 설립운동의 전개

해방 이후 신익희의 활동 중 특별한 활동경력이 몇 개 있다. 그중 하나가 민족대학 설립운동이다. 신익희는 한말부터 일제강점기 독립운동과정에서 민족교육·군사교육 등 교육문제에 대해 특별한 관심을 가졌다. 이러한 교육적 관심은 귀국 직후 민족대학 설립운동으로 표출되었다. 임시정부계열은 1945년 12월 귀국과 동시에 민족교육을 담당할 '민족대학' 설립을 논의하여, 1946년 3월 김구·김규식·조소앙 등을 고문과 명예회장, 신익희를 회장으로 한 '국민대학기성회國民大學旣成會'를 발족하였다. 당시 임시정부는 '정부'수립을 위해, 비밀결사의 정치공작대를 중앙과 남북한의 각도 등 전국에 걸쳐 임시정부 지방조직의 결성을 준비하였고, 행정적 측면에서 행정연구위원회를 설치하여 보안·학무·사회교육·후생·교통·체신·무역·법제·행정·공업·광업·농업·제정 등 국가운영에 필요한 행정준비를, 그리고 '한국헌법韓國憲法'을 작성하여 신국가의 법률적 기틀도 세우고 있었다. 군사적 측면에서도 광복군국내지대가 12월 말 남한 내 군사단체를 통합하여 창군創軍을 준비하는 등 임시정부는 정치·행정·법률·군사 등 각 방면에서 정부수립을 위한 실질적 작업을 추진하고 있었다. 이러한 가운데 국민대학기성회의 발족는 임시정부의 교육적 건국운동으로 이해된다.

국민대학기성회는 정치공작대와 행정연구위원회 위원들이 상임이사

국민대학설립기성회(1946)

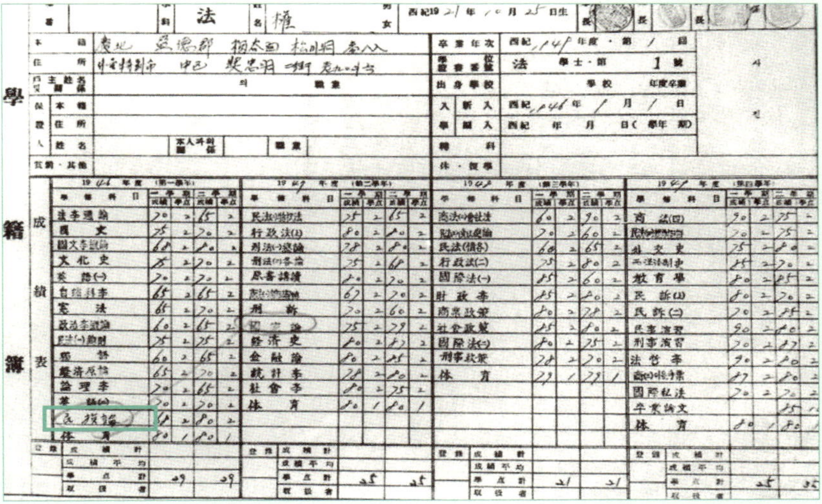

개교 당시 개설 과목에 나타난 신익희의 '민족학' 강의(1949)

로 활동하였다. 양조직의 수장이 신익희였고, 김정실·윤길중·박이순 등 정치공작대와 행정연구위원회의 '교육담당위원'들이 국민대학 설립과정에서 국민대학기성회의 상임이사, 국민대학이 설립된 이후 교무 및 학사운영, 그리고 강의까지 직접 담당하였다.

신익희와 함께 1945년 12월 정치공작대의 조직을 논의할 당시부터 중앙본부 총무로서 정치공작대의 실무를 담당한 김정실金正實은 1946년 3월 3일 '국민대학기성회' 설립시 상임이사, 9월 1일 개교당시 교무처장으로 학교운영에 참여하였고, '헌법'을 직접 가르치기도 하였다. 또한 행정연구회 학무를 담당한 박이순朴彝淳도 국민대학의 학부장·부학장 등으로, 1952년부터 1954년까지도 재단법인 국민학원 이사 등으로 활동하였다. 행정연구위원회 공업을 담당한 최문경崔文卿은 국민대학 개교시 전문부장으로 활동하였다. 특히 국민대학설립기성회 임시사무소는 내수동에 있던 임시정부 내무부 행정연구위원회 사무실을 이용하고 있었다.

행정연구위원회 사회교육위원인 윤길중이 작성한 국민대학 설립취지서에 의하면, 국민대학은 "법문法文계통"은 물론이고 "자연과학", 그리고 "국민의 정신방면에 기여할" "종교학", "예과"와 "의학부" 등을 포괄하는 대학으로 구상되었다. 당시까지만 해도 전문대학·단과대학은 있었지만 '자연과학', '의학부'까지 통합한 대학은 없었던 실정을 감안하면 민족종합대학을 세우려는 의지의 반영으로 볼 수 있다. 새로 설립될 민족대학의 명칭을 '국민'대학으로 한 것도 민족구성원, 즉 국민의 대학으로 세우고자 한 임시정부계열의 의지가 반영된 것으로 볼 수 있다.

당시 미군정은 '남한점령' 이래 정치적 측면에서 좌파와 민족주의계열의 배제, 친일파 재활용을 통한 친미국가수립을 달성하고자 했던 것처럼, 교육적 측면에서도 해방 이후 자생적 교육자치운동, 민족적 성향을 배제하고자 했다. 이를 위한 한 방편으로 국대안이 나왔다. '국립서울종합대학안'은 1946년부터 본격적으로 논의되다가 7월 13일 유억겸 문교부장이 발표하면서 구체화된 정책으로, 경성대학과 서울 및 인근 9개 전문학교를 통합하여 하나의 종합대학교를 설립한다는 것이다. 국립대학설립을 통해 대학을 미군정이 직접 통제하고자 한 것이다. 국대안에 의하면 총장과 교수 등의 임명은 물론, 대학운영도 미군정청에서 결정하도록 되어 있었다. 실제 미군정은 해리 엔스테드Harry B. Ansted 해군대위를 국립대 초대 총장으로 임명하였다.

이 대학교육 장악정책은 미군정이 진주 직후부터 계획한 것이었다. 1945년 10월 16일 이후 서울대학 구성에 핵심이었던 경성제대 의학부 학장과 각 전문학교 교장을 미군정이 임명하고, 10월 17일에는 경성제대를 경성대학으로 변경하였다. 그리고 경성대학 초대 학장으로 미 해군대위(A.Craft)를 임명하였다. 1946년 4월 27일 경성제대 의전의 병합을 군정청 문교부에서 계획하고, 7월 13일 국립서울대학교안이 발표되었으며, 8월 22일 군정법령 102호로 공포되었다.

국대안이 발표되자 관련학교 및 일반 사회단체에서는 국대안의 현실부적합성, 비민주성, 반민족성 등을 주장하면서 국대안 반대운동을 전개하였다. 7월 31일 조선교육자협회와 전문대학교수단협의회가 공동으로 전국교육자대회를 열어 국대안 철회를 요구하였으며, 8월 22일 법령이 발표되자 국립대 교수 429명 중 311명이 국대안을 반대하면서 사임하였다. 교수들의 사표제출만이 아니라 학생들의 등록 거부나, 학생들의 맹휴도 본격화되었다. 이에 미군정은 맹휴 중에 있는 법과대, 상과대, 문리대에 휴교령을 내리기에 이르렀다.

이러한 상황에서 신익희는 국대안 문제가 논의되기 시작한 1946년 5월 18일 『동아일보』, 『조선일보』, 『독립신문』 등 좌우의 언론을 통해 국민의 대학 설립을 여론화하였다. 그리고 새로 설립될 국민의 대학은 미군정의 국립대학이 아닌 민족적인 종합대학을 표방하였다. 실제 5월 18일 국민대학 설립 보도에 의하면 국민대학 설립취지서와 같이 예과·법문학부·정경학부·이공학부와 의학부 그리고 당시에 없었던 종교학과까지 포괄한 민족적 종합대학을 설립한다는 것이 "국립대학 설립"이라는 타이틀로 기사가 나왔다. 당시 미군정이 국립 종합대학안을 제기하고 있었던 점을 감안하면, '국립종합대학'은 미군정 주도가 아닌 우리 민족의 주도로 만들어져야 한다는 의지가 반영된 것이다.

그런데, 국민대학은 국립서울대학교와 같은 날인 1946년 9월 1일 개교하였다. 그리고 몇 달이 지난 12월 18일에야 인가를 받았다. 이는 국민대학이 설립 당시 미군정의 국대안반대운동이 지속되고 있었으며, 1945년 12월 말부터 1946년 8월 국민대학의 개교를 바로 앞둔 시기까지 미군정에 대한 수차례 쿠데타를 추진한 임시정부의 정치공작대와 행정연구위원회가 국민대학 설립에 깊숙이 관여하였다는 사실 등으로 인해 국민대학의 인가문제가 계속 지연된 것으로 이해된다.

그런데 국민대학의 인가를 강하게 반대해 왔던 미군정은 1946년

12월에 국민대학 인가를 내주었다. 이는 1946년 12월 미군정에 대한 임시정부의 쿠데타 계획이 사라졌고, 1946년 12월에 신익희가 남조선과도입법의원에 참여하여 점차 '참여 속의 개혁', '합법적 개혁 노선'을 걸었다는 것과도 무관하지 않았다. 이는 결국 미군정으로서도 '쿠데타'를 매개로 한 정치공작대·행정연구회 – 국민대학의 연관관계보다는 미군정의 자문기구인 '입법의원'을 매개로 한 신익희와 국민대학을 주목하기에 충분하였고, 이러한 점들로 인해 신익희가 남조선과도입법의원에 참여한 직후인 1946년 12월 18일 국민대학이 인가를 받게 되었다고 이해된다.

자유신문사 사장으로 활동하다

해방 후 독립운동가, 정치가 신익희에게 조금은 다른 이력이 있다. 국민대학장, 대한반공연맹 이사장, 대한체육협회장, 자유신문사장 등이 그것이다. 신익희는 1946년 대한반공연맹 이사장으로 취임하고 전국 지부 결성에 힘을 쓰고 있었다. 반공연맹은 서울에 본부를 두고, 각 군郡 단위로 지부를 설치하였다. 당시 반공연맹은 지금과는 달리 정부의 지원을 받지 않은 민간단체였다. 당시 신익희는 반공활동에 매진하였는데, 오히려 특위요원암살음모사건의 암살대상자, 뉴델리밀회사건 등으로 공안정국의 희생자로 몰리기도 하였다. 이 외에도 신익희는 교육, 언론, 사회, 체육계 등 다양한 활동을 왕성하게 하였다. 이러한 활동의 이면에는 일제강점기 독립운동의 경험이 작용했겠지만, 넓은 의미에서 보면 신익희 방식의 신국가건설운동의 일환이기도 하였다. 이중 대표적인 것 중 하나가 『자유신문』 사장 활동이었다.

신익희는 신국가건설운동에서 언론의 중요성을 인식하고 1946년 3월 자유신문사 사장에 취임하였다. 자유신문사는 위당 정인보鄭寅普 선생 집안인 정인익鄭寅翼이 해방 직후 이원영·이정순·지창하·마태영·금철·배은수 등과 함께 동인지 형태로 발간한 것으로 해방 직후 중도적 신문으로 알려져 왔다.

일부의 연구에 의하면, 신익희가 사장으로 취임하면서 좌파적 자유신문사를 우파적 신문사로 바꾸었다고 하지만 이는 잘못된 평가이다. 자유신문사 자체가 좌파신문사가 아니었고, 신익희가 사장이 된 이후에도 신문사 조직과 운영은 그전과 동일하게 작동되었기 때문이다. 신익희가 사장으로 들어온 이후 정인익을 부사장, 서정西庭·이정순李貞淳을 편집국장, 이원영李元榮을 정치부장, 지창하池昌夏를 편집기자 겸 총무, 마태영馬太榮을 정치부기자, 금철琴徹·배은수裵恩受 등을 기자로, 그리고 김기창金基昶을 화백, 유광렬柳光烈을 논설위원으로 하여 조직을 정비하였다. 재정비라고는 하지만 사실 기존의 인물을 대부분 그대로 배치하였다. 심지어 신익희 취임을 반대했던 배은수裵恩受 등도 그대로 활동하였다.

신익희가 사장으로 활동하고 있던 1948년 2월 9일 "남로당프락치로 그 정체를 가장하고, 국립경찰에 잠입하여 정보, 통신, 주요 계획서, 경찰관 배치표 등 주요 정보를 인민해방군에 제공했다"면서 발표한 인민해방군 사건 관계자인 『자유신문』 강태환姜泰煥도 그대로 활동하였다. 이후 신문사 운영은 12~13명이 관여하였고, 공장 직원은 30~40명 정도였다.

신익희의 사장 취임은 서로의 필요성에 의한 것이었다. 신익희의 사장취임과 관련해 당시 자유신문사 정치부장 지창하는 다음과 같이 회고하였다.

> 해공은 당시 임시정부의 내무부장으로 명망이 높은 분인데 정치를 하려면 언론과 규합하여 여론 조성을 하며 그 뒷받침이 있어야 하겠다고 생각하여 우리에게 제안을 해 왔습니다. 우리 자유신문사 측에서 자본도 별로 없는 상태이고, 튼튼한 배경도 필요로 할 때인데 그분은 중후한 인간미나 남다른 아량 등으로 우리들의 흠모를 받고 있는 터였기 때문에 해공 선생 영입을 반가이 동의했습니다. …… 지금도 고갈되고 굳이 해공 선생을 반대할 이유도 없다는 생각이 지배적이었으므로 해공 선생을 발행인으로 영입할 수 있었던 거죠. …… 해공 선생 영입 후 잘될 때는 13만 부나 신문이 나갔습니다.

신익희는 정치활동을 위해 언론지원의 필요성, 그리고 본인 스스로 민족언론 육성의 필요성에서, 자유신문사는 명망가의 든든한 배경이 필요해서 서로 합의 하에 취임했다는 것이다. 즉, 신익희는 이념적 목적보다는 본인의 정치적 목적, 그리고 해방 후 민족 언론 건립의 필요성 등으로 인해 자유신문사로 간 것이다. 이후 자유신문사는 신익희의 후광을 받으면서 발전하였다. 1946년 12월 21일 자유신문사·조선일보사·독립신문사 등 조선신문협회에서는 미군정 하지 중장 등에 신문사의 어려운 사정 등을 건의하였다. 신익희는 자유신문사 사장으로 미군정에 신문용지의 원활한 공급을 요구하는 건의서를 보내는 등 왕성한 활동을 하였다.

이와 같이 신익희는 해방 직후 신국가건설을 위한 제2의 독립운동을 전개하면서, 교육·체육 관련만이 아니라 언론계 등 다양한 방면에서 활동하였다. 이는 신익희의 신국가건설을 위한 민족 언론 건립운동의 일환으로 이해된다. 실제 신익희가 귀국하자마자 만든 행정연구위원회의 신국가건설에 필요한 분야가 정치 영역만이 아니라, 교육·사회·문화 등 사회 각 영역이 포함된 사실도 무관하지 않다.

한국독립당을 탈당하고 자신만의 길로

반탁운동과정에서 신익희와 정치공작대는 급부상하여 심지어 쿠데타의 핵심세력으로 자리하였다. 이에 미군정은 김구와 임시정부에게 압박을 가해 정치공작대의 해체를 요구하였다. 임시정부는 1946년 4월 28일부터 4월 29일까지 정치공작대와 정치위원회 임시대표회의를 소집하여 거국적인 국민운동이 필요하다고 결정하고, 정치공작대와 정치위원회 해체 및 대한독립촉성국민회 합류를 결정하였다. 이 일은 임시정부와 신익희를 갈라놓는 계기가 되었다. 이런 가운데 지방순회 중인 이승만이 6월 3일 정읍에서 남한단독정부 수립을 주장하자, 한민당을 제외한 모든 정당이 비판하였다. 이후 단정노선은 이승만 노선만 있었던 것은 아니었다. 다양한 형태의 단정노선이 있었다. 이승만이 적극적인 단정운동을 추진했다면, 당시까지만 해도 신익희는 단정에 참여하면서도 임시정부를 통한 신국가건설을 완전히 포기하지는 않았다.

1946년 5월 6일 미소공동위원회 무기 휴회 이후 1947년 5월 21일 제2차 미소공동위원회가 재개되었다. 공동위원회가 속개되자 국내 각 정치세력도 활발한 움직임을 보였다. 좌파·중간파는 미소공동위원회 적극 참여를, 우파도 "통일정부 수립을 위하여 공동위원회 참가는 불가피하게 되어, 신탁문제는 임정수립 뒤 민족총의로 반대해야 한다"는 입장에서 미소공동위원회 참가를 결정하였다. 단정운동을 벌이고 있던 한민당과 반탁운동을 주도하던 김구의 한독당에서도 일부가 공동위원회 참가를 표명하였다.

이러한 가운데 1947년 '6월 3일 반탁데모'가 거행되었다. 이것이 김구와 이승만의 마지막 합작이었다. 6월 3일은 미소공동위원회 참여단체의 마지막 등록일이었고, 보스톤 마라톤에서 우승한 서윤복徐潤福 선수가 귀국하는 날이었다. 반탁진영은 서윤복 선수 환영국민대회를 이용하여 대중 집회를 거행하려 하였다. 이날 반탁운동은 1946년과는 규모나 성격이 모두 달랐지만, 미·소 간의 합의를 더욱 어렵게 하는 한 요인으로 작용하였다.

그런데 '6월 3일 반탁데모' 이후 이승만과 김구의 분열이 심해졌다. 입법의원에서 보통선거법이 통과되자 이승만은 반탁운동의 결과를 남한 총선거로 매진하고자 하였다. 그리고 이승만 주도 아래 7월 4일 우익 88개 단체가 보통선거법에 의한 남한총선거를 결의하고 7월 10일 배은희裵恩希를 의장으로 하는 '한국민족대표자회의'를 결성하였다. 김구는 국민의회를 통한 임시정부법통론의 실현이 여전히 중요하다고 인식했다.

이승만과 김구의 갈등 속에서 정세는 이승만 쪽으로 기울고 있었다. 1947년 5월 미소공동위원회가 재개되자 미소공위 참여여부 문제를 둘러싸고 한국독립당은 분열하고 있었다. 김구와 달리 안재홍, 박용희, 조헌식, 이의식, 장지필 등 한독당 중앙위원 80여 명은 6월 2일 "우리 민족 총의인 자주독립을 쟁취키 위해서는 기동성 있는 총명 과감한 발전적 투쟁이 필요하다"면서 공동위원회에서의 합의와 지지는 결정적으로 필요하다고 주장하였다. 그리고 6월 21일 안재홍 등 한국독립당 내 혁신파는 탈당하여 신한국민당을 발족하였다. 제2차 미소공동위원회를 계기로 한국독립당은 한독당, 신한국민당, 민주한독당 등 3당으로 분열하였다. 한국독립당 서울시당부도 신한국민당 합류를 선언하였다.

현실주의자였던 신익희도 1947년 7월 20일 정식으로 한국독립당을 탈당하고, 20명의 입법의원과 함께 민족대표자회의에 합류하였다. 당시에 신탁통치논쟁은 이미 끝났다. 신익희는 조국의 반쪽에서라도 정부수립을 해야 한다는 생각으로 단독정부 수립에 앞장선 것이다. 현실주의적 사고에 따른 판단이었다. 김구 측에서는 신익희에 대해 불쾌감을 드러냈다. 1946년 말부터 김구와 이승만 사이에서 줄다리기 하던 신익희는 결국 김구와 결별하고 이승만의 노선으로 명확히 한 것이다. 이후 임시정부 원로였던 이시영도 9월 1일 국민회의의 남한단정 반대결의의 부당성을 이유로 임시정부 국무위원과 의정원 대의원을 사퇴하였다.

신익희가 언제부터 임시정부와 단절하고 이승만과 결합했는지는 명확하지 않다. 신익희가 1946~1947년 여전히 임시정부계열의 인물이었는지 아니면 임시정부와 단절하고 이승만과 결합되어 있었는지 여부는 신익희의 노선을 이해하는 데 중요하다. 일반적으로 1946년 6월 독촉국민회를 만들 때 신익희가 정치공작대와 행정연구회를 이끌고 독촉국민회에 참여하여 독촉 부위원장에 취임한 것을 근거로, 1946년 6월 이후 신익희는 이승만 계열이고 동시에 임시정부와 단절한 것으로 이해하고 있다.

사실 신익희가 1946년 6월 정치공작대를 이끌고 독촉국민회에 참여한 것은 독촉국민회에 상당한 조직적 기반을 제공해 준 것은 분명하다. 그러나 신익희의 노선은 신익희와 독촉국민회와의 관계만으로 단정할 수 없다. 신익희와 임시정부, 신익희와 한국독립당 등 당시 각 정치세력과의 관계 등을 종합적으로 살펴볼 필요가 있다. 1946년 8월 29일 임시정부의 제2쿠데타에 대해 미군정은 "임시정부에 의해 계획되었다"고 하여 신익희의 노선을 간접적으로 이해할 수 있다. 또한 정치공작대 중앙본부의 행정연구위원회간칙行政研究委員會簡則을 보면, 정치공작대와 행정위원회는 임시정부의 산하조직으로 결성되었다. 실제 정치공작대와 행정연구회의 보고서는 "대한민국임시정부大韓民國臨時政府"의 날인이 찍힌 용지를 사용하고 있었다. 그런데 이들 조직들은 1946년 8월까지도 여전히 같은 용지를 사용하고 있었다.

그리고 독촉국민회는 결성 초기부터 이승만의 사조직이 아니라는 점도 이해할 필요가 있다. 1946년 6월 신익희가 정치공작대와 행정연구위원회를 이끌고 독촉국민회에 참여한 것은 1946년 4월 28일과 29일 임시정부의 김구와 이승만의 결의에 따른 것이었다. 즉, 독촉국민회는 창

신익희와 대한독립촉성국민회 서울 지부 회원 기념사진(1948. 5)

립 초기 김구 세력과 이승만 세력의 연합적 성격으로 결성되어, 1947년 5월 20일까지도 "독촉국민회 내 한민당계와 한국독립당계간의 대립이 격화"되고 있었던 점을 감안하면, 점진적으로 이승만의 조직으로 변화된 것으로 이해하는 게 타당하다.

신익희가 언제부터 이승만 쪽으로 기울었는지는 단정하긴 힘들지만, 1945년 12월의 '제1차 쿠데타'와 1946년 8월의 '제2차 쿠데타'는 같은 성격으로 추진되었다는 점, 신익희는 1946년 12월 남조선과도입법의원

선거에 한국독립당 소속으로 출마하였다는 점, 그리고 남조선과도입법의원에 참여해서도 1947년 2월 행정조직법 상정시 이승만과 한민당의 선先선거법제정選擧法制定 후後정부수립안政府樹立案에 반대한 점, 1947년 5월 9일에도 한국독립당 창당 17주년 기념행사에서 신익희는 기념사를 발표했다는 점 등을 감안하면, 단지 독촉국민회 조직을 중심으로 1946년 6월 신익희가 이승만과 같은 노선이었다고 단정하긴 힘들다. 신익희의 단정노선화, 이승만 노선화는 빨라야 남조선과도입법의원 참여 이후로 보인다. 즉, 신익희는 1946년 말 또는 1947년 초부터 점차 단정노선에 기울다가 결국 1947년 7월 한독당 탈당으로 공식화 되었다고 볼 수 있다.

07 반독재민주화운동의 전개

5·10선거 참여와 단정노선의 다양화

신익희가 1947년 김구와 이승만 간의 갈등에서 남한 단정을 인정하고 이승만과 함께 한 것에 대해, 『해공신익희 일대기』에서는 그가 혁명가에서 정치가로 바뀐 것으로 설명하고 있다. 대한반공연맹을 조직해 이사장에 취임하고 전국을 순회하면서 지부를 결성한 신익희는 기본적으로 남한사회가 반공사회라는 점을 분명히 알고 있었다. 국제정세에 밝은 신익희는 남북한이 미국과 소련에 분할점령된 상황에서, 국자 1·2호처럼 국민들과 함께 임시정부를 중심으로 정권이양운동도 전개하고, 미소공동위원회 대책위원장으로서 미소공위에 직접 참여해 보면서 1948년 들어 통일정부보다는 남한만의 단독정부 수립이 현실적 대안이라고 판단했다.

그래서 각별했던 조소앙이 남북협상에 참여하려고 할 때 신익희는 조소앙의 북행을 만류하였다. 그리고 임시정부의 이시영 등과 함께 단독정부 수립에 참여하였다. 신익희는 5·10선거에 한국독립당이 아니라 대한독립촉성국민회 소속으로 출마하여 경기도 광주에서 무투표 당선되었다. 5월 10일에 실시된 총선거 결과는 각 도로부터 중앙선거위원회에 보고되었고 12일 오후 3시에 서울시 및 지방 당선자가 발표되었다. 신익희는 이미 당선이 확정되었다. 그리고 신익희는 8월 4일 대통령 취임으로 그간 결원 중에 있던 의장을 선출한 결과 제헌국회의 국회의장에 선출되었다.

일반적으로 5·10선거 전후 신익희의 노선을 이승만 노선으로 단정하는 경우가 많은데, 이승만의 단독정부 노선과 신익희의 단독정부 노선은 처음부터 달랐다. 실제 단정 노선은 이승만 노선만 있는 것도 아니었다.

첫째, 1948년 초 남한 정국을 보면, 남북협상운동과 단독정부수립운동으로 크게 나뉘었다. 그런데 남북협상을 이끌고 있던 민족자주연맹과 한국독립당 계열 내부에서 5·10선거의 참여를 주장하는 세력이 대두하였다. 민족자주연맹은 1948년 초부터 "총선에 참여하여 투쟁하자"는 몇 개의 정치단체로 나뉘어졌고, 한국독립당도 일찍부터 선거참여론이 대두하였다. 한국독립당 지방 지부장들을 중심으로 "대의기관을 통해 당의·당강을 실현"할 목적으로 "선거운동에 참여하자"는 주장이 공개적으로 제기되었다. 실제 『동아일보』 1948년 4월 21일자에는 "한국독립당과 중간파들이 무소속으로 대거 출마하다"라는 제목의 기사가 실리기도 하였다. 이들만이 아니라 사회주의계열에서 탈당한 조봉암도 5·10선거에 출마하여, 이후 6·1구락부를 발기하고 무소속구락부를 이끌었

1948년 5·10선거 모습

1948년 5·10 투표 모습

다. 실제 제헌국회의원 총 198명 중 무려 85명이 무소속으로 당선되었다. 이들은 한민당 계열이나 이승만 계열이 자신들의 당적을 감추고 출마한 경우도 있지만, 한국임시위원단의 보고서에 의하면 상당수는 반이승만 또는 반한민당 인사들이었다.

특히 무소속의원 중 신성균·오택관·박윤원 등은 한국독립당과 관련된 인물이고, 이문원·윤석구 등은 한국독립당 계열로 알려진 동인회에 참석했던 인물들이었으며, 김영기·원용한도 한국독립당과 인연이 있었다. 박기운·오기열·서용길 등은 중간파와 연관된 인물들이었다.

둘째, 5·10선거에는 참여하지 않았지만 남한정부수립에 참여한 세력도 상당수였다. 예를 들면 남북협상에 참여하지 않았지만 5·10선거에도 출마하지 않은 신한국민당新韓國民黨의 안재홍과 정부수립 후 초대 대법원장으로 취임한 민중동맹民衆同盟의 김병로 등이 그들이다. 이중 안재홍은 1947년 말 민족자주연맹에는 참여했지만 남북협상에는 참여하지 않고 오히려 1948년 5월 신당창당을 준비하였다. 실제 이문원·윤석구 등 구 국민당 계열이 제헌국회에 참여했고, 안재홍의 측근 중 한 명인 이의식은 5·10선거에는 참여하지 않았지만 제헌국회에서 조직된 반민특위 등에 참여하였다. 또한 남북협상에 참여하고 돌아온 조소앙도 1948년 7월부터 국무총리설이 제기되었고, 12월 14일 삼균주의 노선에 기초하여 사회당社會黨을 창당하였다. 사회당에는 김윤기·박기운 등 27명의 제헌국회 소장파 의원들이 대거 참여하였다.

이들은 제헌국회에 참여했지만 여전히 김구·김규식의 노선에 영향을 받으면서, 반민특위를 조직하고, 농지개혁법을 제정하였으며, 심지어 미군철수안까지 결의하였다. 이 과정에서 제헌국회의원들은 남조선노동당 프락치로 몰리고, 때로는 반민특위요원암살대상자로 위협을 받기도 하였다.

즉, 이들은 5·10선거 참여파와 5·10선거에는 참여하지 않았지만 남한정부수립에 참여한 세력으로, 전자는 남북협상을 이끌고 있던 중간파 연합의 민족자주연맹과 한국독립당 계열로 제헌국회 내 소장파의 핵심세력이 되었다. 후자는 남북협상과 제헌국회에 모두 불참한 신한국민당의 안재홍 계열과 민중동맹의 김병로 계열, 남북협상 후 정계에 진출한 조소앙의 사회당 계열, 그리고 남북협상 후 동요하던 민족자주연맹의 김규식 계열 등이었다. 5·10선거 참여파는 국회 밖의 정부수립참여파와 함께 5·10선거 이후 남한 정국을 이끌면서 남한 정국을 통일운동 대 단독정부수립운동이라는 이분법적 대립구도에서 '참여적 개혁'이라는 또 다른 축을 이끌어 갔다.

물론 신익희를 제헌국회 안과 밖의 '참여적 개혁세력'으로 단정할 수 없지만, 당시 단정 노선은 이승만 노선만 있었던 것은 아니라는 것은 분명하다. 실제 1948년 6월 1일 제헌국회 개원 후 국회부의장에 선출된 신익희는 가장 먼저 소장파의원의 가장 큰 조직이었던 무소속구락부와의 통합을 추진하였다. 1948년 6월 신익희·이청천 등의 3·1구락부는 남북통일, 민족자결을 내세우는 조봉암 중심의 무소속구락부와 통합운동을 추진하였다. 그리고 6월 26일 무수속구락부는 3·1구락부의 합당요청에 동의하였다. 물론, 두 단체의 내용적인 융합은 처음부터 불가능했지만, 반한민당이라는 정치적 목표에 따라 공동전선을 취한 것이다.

반민특위요원암살음모사건

해방 직후 신익희는 반공연맹을 만드는 등 대표적인 반공론자로 활동하였다. 그런데 오히려 몇몇 공안정국에 연류되기도 했다. 그중 하나가 1948년 발생한 '반민특위요원암살음모사건'의 암살대상자로 지목된 것이다. 특위요인암살음모사건에 대한 1950년 4월 18일 대법원의 판결문에 의하면, 노덕술(전 수도경찰청 총감, 52세), 최난수(전 서울시경 수사과장, 41세), 홍택희(전 서울시경 수사부 과장, 36세), 박경림(전 중부경찰서장, 39세) 등 4명은 반민법 실시에 대해 "반감"을 갖고 중국에서 출생하여 해방 후 귀국한 테러전문가 백민태白民泰를 고용, 1948년 11월 중순 국회에서 반민법 실시에 강경한 발언을 한 김웅진·김장열 등의 의원, 그리고 내무장관 윤치영을 욕설한 노일환 등을 납치, 감금한 후 강제로 "나는 이남에서 국회의원 노릇하는 것보다 이북에 가서 살기를 원한다"는 취지의 성명서 3부를 자필로 작성하게 한 후 대통령·국회·신문사에 각각 송부하여 발표하게 하고, 38선 가는 길에서 애국청년이 공산주의자를 살해한 것처럼 위장한다는 계획이었다. 공산주의자·월북자를 저격한 것처럼 꾸민 것이다. 그런데, 암살대상자는 김웅진·김장열·노일환 외에도 김병로(특별재판부관장), 권승렬(특별검찰부관장), 김상덕(특별조사위원회 위원장), 김상돈(특별조사위원회 부위원장), 오택관·최국현·홍순옥(특별재판관), 서용길·곽상훈·서성달(특별검찰관) 등 특위위원과 신익희(국회의장)가 포함되었다.

특위위원 외의 인물로 국회의장인 신익희가 포함된 것은 대단히 이례

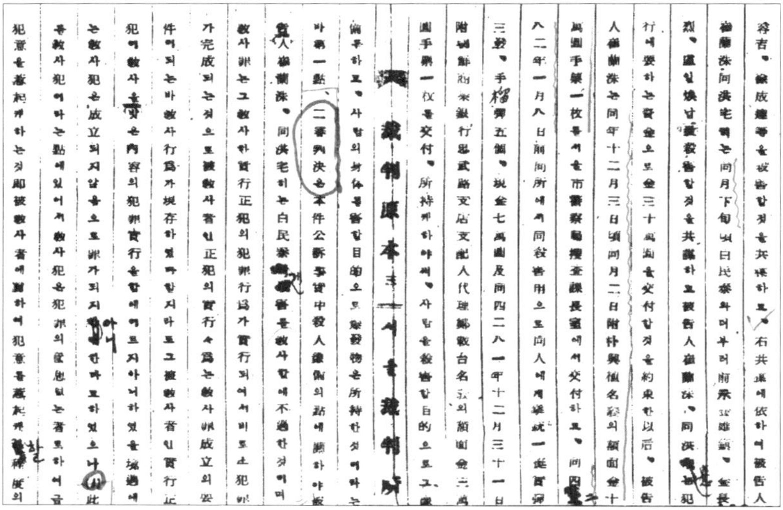

반민특위요원암살음모사건 판결문

적인 일이었다. 신익희는 일제시기와 달리 해방 직후에는 대표적인 반공론자로 활동했기 때문이었다. 이런 신익희가 반민특위요원암살음모사건에 암살대상자로 분류된 것은 신익희의 친일파에 대한 입장과도 무관하지 않다. 신익희는 친일파문제에 대해, 1945년 12월 귀국하자마자 가진 기자회견에서 "이 동안에 있어 민족을 팔아먹고 양심을 집어치우고서 자발적으로 일본에 협력한 자, 도적놈을 주인으로 섬기던 자들은 여지없이 제외하여야 될 줄로 안다. 적에게 관대한 자비는 3천만 동포에게 참혹하다"고 하였고, 12월 중순 국일관에서 임시정부요원환영회가 개최될 때, 신익희는 "국내에 있던 사람은 크거나 작거나 간에 모두 친일파"라고 하는 등 강경발언을 서슴지 않았다. 뿐만 아니라 1946년 8월

29일 '신익희 쿠데타' 사건이 발생할 때 다음과 같은 성명서를 발표했다.

> 우리는 군정청의 통역관들에 의해 임명된 모든 관리들을 해임시켜야만 할 것이다. 해방 이후 모든 친일파와 일제하의 민족반역자들은 당초 몸을 숨겼지만, 후에 다시 출현하여 지방정부와 지역정부, 경찰 내의 자리를 얻기 위하여 통역관을 매수했다. 우리는 정부와 국민을 위해 이런 자들을 일소해야 하는 동시에 외국에 의존하는 사대주의 정신도 버려야 한다. 우리는 적재적소에 최적의 인재를 배치하여야 한다.

신익희는 미군정에 근무하고 있는 관료들에 대해 상당히 불신하고 있었고, 모두 숙청되어야 할 대상으로 이해하였다. 신익희는 제헌국회에서 반민법 제정 당시인 1948년 8월 친일파 청산은 신정부의 우선과제임을 다음과 같이 지적하였다.

> 우리는 어떻게 되든지 이 법규를 마련해야 될 것입니다. 우리가 잘 알고 있는 것과 같이 일부에서는 이 문제를 정치적으로 이용하고 있습니다. 동시에 또 어떤 부분에서는 이 문제를 다른 의미로 다른 각도로 이용하고 있는 것 우리가 잘 알아요. 그러나 우리 대다수의 동포들은 이 문제를 어떻게든 해결해야 되겠다는 것을 다 기대하고 촉망하고 있는 것이 사실입니다. 현명하신 우리 동포동지들은 아무쪼록 엄준하게 이 문제를 취급해야 할 것입니다. …… 우리 동포들은 이제야말로 우리 국회가 성립되어 가지고 정부가 수립되어 가지고 우선 이 문제를 해결해야겠다는 것을 바

라고 있는 것이 사실입니다.

또한 반민법 각 조항의 친일행위자 규정에서 "악질적"이라는 단어를 굳이 붙일 이유가 없다고 지적하기도 하고, 정부 내 친일파숙청도 우선해야 한다고 지적하였다. 1949년 8월 30일 반민법 공소시효가 종료되었을 때는 다음의 성명서를 통해 아쉬움을 드러내기도 하였다.

> 민법을 제정하였던 것은 일제의 침략을 당한 이후 이들과 항쟁하며 조국과 민족을 다시 찾기에 노력하던 애국지사들을 일제에 아부하여 검거·투옥·학살을 하고 이리하여 사리사욕을 채우기에 노력하던 치욕적 반민족 도배들을 처단하여 민족정기를 세우자는 것이었다. 그리고 이에 대하여 나는 이렇게 생각한다. 일본 제국주의를 우리 힘으로 분쇄하였더라면 즉시로 무엇보다도 먼저 반민족자 처단을 실시할 수 있었을 것인데, 유감스럽게도 우리의 적을 우리의 손으로 분쇄 못한 채 연합국의 승리로 인하여 적이 분쇄되었던 관계상 그의 처단이 뜻대로 되지 못하였고 또 지연되었던 것이다. 군정을 거쳐 정부가 수립된 후에야 비로소 반민 처단의 방법이 법률로서 제정되었으나 그 후 적지 않은 곤란이 있었던 것이다.

신익희와 반민특위와의 관계와 관련하여, 김상덕 반민특위 위원장의 아들 김정육의 증언이 확인되고 있다. 김정육의 증언에 의하면 이승만은 김상덕을 부를 때 신익희도 함께 불러 반민특위 활동 자제를 자주 요청했다고 한다. 그리고 그런 날 기분이 우울하면 신익희는 김상덕 위원장 집에 가서 술을 마시곤 했다고 한다. 최소한 신익희와 김상덕은 각별했고, 반민특위 활동과 신익희도 완전히 무관하지 않음은 확인할 수 있다.

물론 신익희가 친일파청산이나 반민특위 활동에 직접 행동으로 보여주는 구체적인 모습은 현재까지 확인되지 않고 있다. 오히려 일부 자료에서는 친일파 청산에 소극적인 모습도 확인되기도 하고, 해방 직후 행정연구위원회에 유진오 등 친일경력자들을 활용해 헌법초안을 만들거나 조직을 운영하기도 하였다. 그리고 행정연구회를 조직할 당시 신익희는 "비록 친일의 경력이 있더라도 민족을 근본적으로 배반하지 않은 사람은 개과천선의 기회를 주어 새로운 조국에서 일할 수 있게 해야 한다"는 유화적 모습도 많이 취하고 있다. 그러나 이러한 입장은 당시 신익희만이 아니라 좌파·북한도 가지고 있던 당시 보편적 정서 중 하나였다. 중요한 점은 신익희가 반민특위요원암살사건 대상자로 지목되었다는 사실이다. 어떤 이유에서인지는 단정할 수 없지만, 신익희의 친일파 문제에 대한 해방 이후의 발언과 행적이 반영된 결과로 이해할 수 있을 것이다.

국회프락치사건

신익희는 국회프락치사건에도 간접적으로 관여되었다. 1949년 6월 6일 오전 8시 서울시 중부서장 윤기병尹箕炳의 지휘 하에 40여 명의 사복경찰이 반민특위사무실을 습격하는 한편 특별조사위원·조사관, 특별검찰관·특별재판관의 가택수색을 하는 등 반민특위습격사건이 발생했다. 이

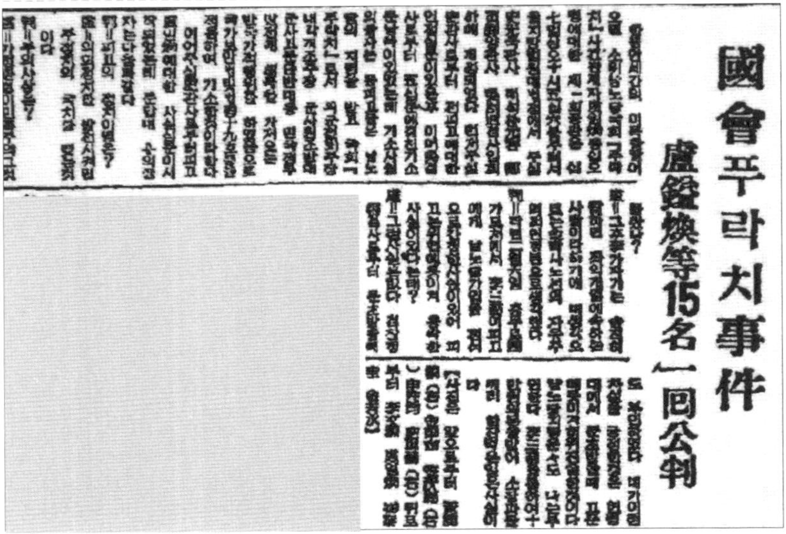

國會푸락치事件

盧鎰煥等15名 一回公判

국회프락치사건 제1회 공관 보도(『자유신문』 1949년 11월 8일)

과정에서 특위 특경대장 오세윤 등 특경대원 30여 명이 중부서로 체포되었으며, 특별검찰관 곽상훈은 수색을 당하고, 권승렬 특별검찰총장은 권총을 압수당했다. 사복경찰은 특별재판부까지 와서 직원명부·주소록·특위관련서류 등을 요구하고, 투서·진정서철, 반민자 죄상 조사서, 출근부 등을 압수해 갔다.

반민특위습격사건 이후 남한정국은 극단적인 반공정국으로 휘말려 들어갔다. 이문원 의원 등 3의원의 체포와 반민특위습격사건으로 시작된 이승만정권의 6월 공세는 제헌국회 내 소장파의원들을 남로당프락치로 몰고, 소장파의 정신적 지주였던 김구 암살 등으로 이어졌다. 국회프락치사건은 6월 17일 국회부의장 김약수 외 6명이 미군사고문단 설치반대 진언서를 국제연합한국위원단에 제출하면서 표면화되었다. 국회프락치사건과 관련된 '한국에서 최초로 발생한 국제간첩사건' 조사서에는 이승만 추종인물은 거의 없었다. 그런데 민국당의 핵심간부였던 김준연, 서상일, 홍성하, 조영규, 그리고 국회의장 신익희가 포함되었다.

반공론자로 알려진 신익희가 대표적 공안사건인 국회프락치사건에 재차 연류된 것이다. 특위요원암살음모사건이 실패한 후 이승만정권의 총공세로 표현된 국회프락치사건에 또다시 연류되었다는 것은 신익희가 이승만 정권, 극우반공세력의 견제대상으로 분류된 것은 분명한 듯하다. 국회프락치사건과 관련하여 반공론자인 신익희의 몇몇 활동이 확인된다. 『동아일보』 1949년 7월 11일자에는 신익희가 검찰총장을 만나 이문원 의원의 석방을 검찰에 요청하였고, 『경향신문』 1949년 7월 11일자에 의하면, 신익희는 법무장관을 만나 의원체포 동의 요청을 보류해 줄 것을 부탁하기도 하였다. 『조선중앙일보』 1949년 8월 23일자에는 신익희가 "국회의원체포는 충분한 조사 뒤에 이루어져야 한다"는 기자회견 내용이 실려 있다.

범야권통합운동을 벌이다

신익희의 활동에서 주목되는 것은 야권통합운동이다. 신익희는 1948년 8월 4일 국회의장이 된 후 첫 번째 활동은 조봉암 중심의 무소속구락부와의 연합활동이었다. 당시 1948년 6월 26일 3·1구락부는 무소속구락부에 합당을 제안하였다. 그리고 1948년 8월 24일 조소앙, 신익희, 이청천, 안재홍安在鴻, 명제세明濟世, 박용희朴容羲 등이 회동하여 강력한 야당을 결집하기로 합의하였다. 이후 신익희는 다양한 정당통합운동에 참여한다. 여기에는 김구, 김규식, 그리고 한민당의 김성수까지 포함되었다. 당시 신당발기 취지서를 발표하였다.

10월 3일 열린 신당연락준비 전체회의에서 안재홍이 한민당을 포함시키자는 이청천의 대동단결론을 강력히 반대하여 신당작업은 교착상태에 빠지자, 조소앙은 사회당, 안재홍은 신생회, 신익희와 이청천은 대한국민당을 조직하게 되었다. 결국 범야권 신당창당운동은 결렬되었다. 1949년 1월 하순에는 대한국민당의 신익희 세력과 대동청년당의 이청천 세력이 합당하여 2월 1일 민주국민당이 결성되었고, 신익희를 비롯하여 김성수, 이청천, 백남훈 등 4명을 최고위원으로 추대하였다.

그리고 김구가 암살된 직후인 1949년 7월 30일 민족진영의 행동통일과 조속한 남북통일의 실현을 지향하기 위한 민족진영강화위원회(민강위) 결성을 위한 준비위원회 모임이 개최되었다. 반이승만의 거대 범야권통합운동의 일환이었다. 1949년 7월 30일 민강위 준비위원회 모임에는 민련의 윤기섭·최동오·원세훈 등이 출석하였고, 국민회의 명제세, 민국당의 이정규, 함상훈, 조선민주당의 한근조, 대한국민당의 배은희·우덕순, 신생회의 안재홍·엄우룡, 한독당의 나재하, 사회당의 조시원, 불교계의 김법린, 기독교계의 윤남칠, 대한노동당 간부 등 각 정파가 망라되었다. 이때 신익희는 11명의 정치위원 중 한 명으로 참여하였다.

구성원

- 의장 : 김규식 박사
- 정치위원 : 신익희, 나재하, 백홍균, 윤기섭, 지대형, 엄우룡, 유진산, 주태도, 이재학, 우덕순

강령

1. 대한민국에 충성을 다하고 그 발전을 위하여 최선을 다한다.
2. 대한민국을 부정하는 공산진영은 배제하고 일방 그들의 전향을 촉(促)한다.
3. 정치적 종파 관념을 해소하고 민족진영의 총역량을 강화한다.

이러한 신익희의 반이승만의 정당통합활동은 제2대 국회가 성립된 이후에도 계속되었다. 1950년 5·30선거는 이승만의 친위세력과 고위관리들은 대부분 낙마하고, 중도파 세력이 대거 당선된 것이 특징이었다. 당시 『동아일보』에는 '국회 제3세력 진영 출현'이라고 하여 중간파 진출에 주목하였다. 실제, 『경향신문』 1950년 6월 25일자 보도에 의하면, 원내교섭단체는 국민당 약 45명, 민국당 약 55명, 무소속구락부 46명, 민정동지회 22명 등이라고 보도되었고, 또 다른 보고에 의하면 5·30선거 직후 조소앙·안재홍 중심의 세력과 원세훈·유기섭·장건상·여운홍 중심의 세력, 그리고 신익희·이청천 중심의 세력이 국회 3파를 장악했다고 한다. 이러한 가운데 제2대 국회가 출범한 후 정국회의장 선거가 시행되었다. 의장은 신익희, 부의장은 조봉암이 당선되었다.

주목할 만한 것은 제2대 국회가 성립되자 1950년 9월 18일 신익희와 장면·조봉암 등 야권 3거두가 중심이 되어 민주협회(가칭)를 발족했다는 사실이다. 9월 18일 신익희는 한국의 정치정세에 대해 "민주정치 발전의 백년대계를 위하여 현 정세 하에서는 무엇보다도 일반 국민 대중에 대한 민주주의 정치의 정신과 도의를 고취하는 일대 계몽운동이 요청된다"고 전제하고 "이와 같은 민주정치 계몽운동을 위해서 뜻을 같이하는 많은 정치인들이 가급적 파쟁적 누습陋習을 지양하고 합류 합작하여 노력함으로써만 민주정치 발전을 위한 건전한 국민적 토대가 이루어질 것이라"고 강조하였다.

이와 같이 신익희는 제헌국회 성립 이후 야권통합운동, 반이승만운동의 한가운데에 있었다. 신익희는 때로는 보수세력과 때로는 진보세력과 연대하며 반독재민주화운동을 전개하였다.

부산정치파동

대한민국 첫 번째 내각을 조각할 때 신익희는 이승만에게 임시정부 요인과 한독당 인사들도 기용할 것을 건의하였다. 대한민국 정통성의 기반을 넓히자는 뜻이었다. 그러나 신익희의 건의는 받아들여지지 않았다. 이후 대한독립촉성국민회를 탈퇴한 신익희는 중국에서 함께 운동을 했던 이청천과 손잡고 대한국민당을 창당하고, 조봉암 중심의 무소속 구락부와의 연합활동을 전개하였다. 1949년 7월 30일 민족진영강화위원회(민강위) 결성, 1950년 9월 18일 신익희와 장면·조봉암 등 야권 3거

June 6, 1952

Dear President and Mrs. Rhee:

The political situation in Korea has been so badly represented in the press and radio coverage here that I fear we shall have a long struggle to win back good will that has been lost. For a number of days after the stories began coming out of Pusan, I could not get my own thinking clarified enough to handle it very well. Finally, I have worked out the explanation which is stated in the two enclosed memoranda. I feel sure they are fundamentally sound, and, if so, will gradually come to be generally accepted. The trouble is that the newspapers and radio commentators who leaped to denounce what they regarded as an abuse of power will not similarly play up for their readers the fact that their initial reaction was a mistake. However, if the popular election is held, and if the people elect President Rhee by an overwhelming vote (as they will) these two facts will largely overcome the doubts that have been aroused. We should have democratic governments and peoples around the world applauding and assisting in what is another long step toward complete democracy! Once again you have been a "whipping boy," and once again the very actions for which you have been attacked have turned out to be of tremendous value to the democratic cause.

This morning I had a long talk with General Coulter. He asked me to assure you that you two are always in his thoughts and that he is and will be determined to do everything he can to help you. He was glad to get my explanation of the political situation, for, as he said, he knew you were right but he couldn't entirely figure out how! As he said, you have a way of going right to the very heart of issues and deciding them correctly, while the rest of us are confused by the dust that flies in the process!

Coulter also said he feels pretty sure now that UNKRA's basic program of reconstruction will begin to move rapidly now. He thinks the reconstruction of Seoul will commence soon. This, I should think, would be of great psychological as well as practical value. He also said that he thinks the time has come to "lay down the law" to the Communists at Panmunjom - and he thinks they will give in rather than fight. (Of course he is thinking of the present UN objectives, not of re-unification.) He said, tho, that the talks have been necessary because a year ago we didn't have the military power to risk an expansion of the war.

I've given the interpretation of the political situation to OIA, and am sending it out as fast as we can to the friends we have in newspaper and radio circles. We'll do our best! And we admire the fight you are making against all the difficulties.

Cordially yours,

부산정치파동 당시 대한민국 여론에 대한 올리버 서신(1952. 6. 6)

CONFIDENTIAL

REPUBLIC OF KOREA

OFFICE OF THE PRESIDENT

June 6, 1952.

Dear Doc:

It is difficult at this stage of the game to know where to begin or what to say. I know that the press, editorial and diplomatic reaction to the turn of events here is very, very negative. It is a tough public relations assignment here; haven't gotten more than 4 or 5 hours sleep a night since this began and there is always something popping; newsmen beseige us constantly and diplomatic notes flow in like water. Part of the difficulty is that the groundwork--public-relations-wise--wasn't laid sufficiently before the events began to occur; everyone, including Clarence, was totally unaware of what was pending; we didn't know about the martial law until after it had been declared, and still don't know the exact charges against the Assemblymen. Worse, the popular resolutions coming in from the provinces expressing the will of the people for the past 4 months were never translated and released--contrarily when they finally were, it looked like ex post facto excusings.

Aside from all the above whimpering, I know clearly where the Prexy himself stands: (1) The will of the people supersedes the constitution and the legislative organ (2) The National Assembly, by refusing to accede to the peoples' demands, has rendered itself unfit for office. (3) The uncovered Communist plot indicates bribery, corruption, etc. in the effort to unite Korea by a coalition government. (4) most importantly, this is an internal affair and foreign governments should not try to interfere.

He and Mme. are anxious that the following be "leaked" somehow to newsmen and editorial writers there: SunWu, the ringleader of the plot, is being protected in American quarters, Kim Sung Soo is on the Hospital ship the HAVEN, and others wanted for investigation are being protected in various foreign quarters. Also, they want it leaked that the Embassy here from the very beginning has been against SMR and has supported Chang Myon at every step of the way. This is the type of foreign interference which the President bitterly resents.

Now, privately, and strictly between ourselves: Muccio and Van Fleet are at swords-points, with Van Fleet keeping hands off the internal situation; Lee Bum Suk is definitely in the saddle; SMR's chances of reelection, barring a last-minute miracle, are non-existant; what you previously mentioned about the Health situation has deteriorated during the past several months so that in the afternoons it is difficult to reason with him; General Won the Martial Law Commander has taken over much power, and has actually done some things without the President's knowledge or consent; scores of people are afraid of their lives because of the intentions of over-zealous Rhee supporters; AND, 8th Army expects an all-out attack any day now, tying in with the politiaal unrest here and the Koje disturbances.

I have enclosed to Charlotte everything written on the Administration side on this affair, hoping that she will make copies and pass them along. I keep right on plugging, but sometimes feel as if I were the boy at the dike!

As Ever, Joe

한국 내 동향 관련 서신(비노큐어 → 올리버, 1952. 6. 6)

두의 민주협회(가칭) 발족 등 야권통합운동을 추진하였다. 그런데 이러한 가운데 1952년 부산정치파동이 발생했다. 이 부산정치파동은 신익희에게 중요한 계기가 되었다.

이승만은 국회에서 대통령 당선이 불가능하다고 보고 직선제 개헌안을 제출하였다. 당시는 한국전쟁 중이라 직선제는 고사하고 국회의원 보궐선거도 못하고 있던 상황이었다. 개헌안은 1952년 1월 18일 가 19표, 부 143표로, 기권 1표라는 압도적 표차로 부결되었다. 국회에서는 1952년 4월 17일 곽상훈 의원 외 122명의 연서로 내각책임제 개헌안이 제출되었다. 그런데 이승만은 5월 14일, 1월 초 부결되었던 대통령 직선제안을 다시 제출하였다. 국회에 두 개의 안이 상정된 것이다. 그런데 이승만은 5월 25일 부산을 중심으로 경남, 전남북 23개 시군에 비상계엄령(계엄사령관 원용덕 소장)을 선포하였다. 그리고 다음 날인 5월 26일 국회의원 50여 명을 통근버스에 태운 채 견인차로 헌병대로 연행시키는 소위 부산정치파동을 일으켰다. 이중 곽상훈, 김의준, 이용설 의원 등은 국제공산당 혐의로 구속되었다. 또 다시 공안정국이 시작되었다. 국회의원의 불체포특권도 의미가 없었다. 반정부적 활동에 적극적이었던 인물들이 감금되고 체포된 것이다.

국회의원들이 통근버스를 탄 채 헌병대로 끌려갔을 때, 신익희 국회의장과 조봉암 부의장은 이승만 대통령을 방문하여 강력하게 항의를 했지만 허사였다. 국회의원들은 5월 28일 부산 지역 계엄령 해제를 결의하였고, 5월 29일 김성수 부통령은 이승만의 헌정유린에 강력히 항의하고 사임하였다. 이미 남한정국은 보수와 진보의 구도가 아니라, 독재와 반독재 정국이 형성된 것이다. 부산정치파동은 한국 민주화운동의 역사에서 분수령적 의미가 있다. 이승만 정권의 독재성이 여지없이 드러나는 계기가 되었고 한국 민주화운동의 본격적인 출발점이 된 것이다.

이 과정을 거치면서 신익희도 반독재민주화노선을 명확히 하였다. 신익희는 1953년 신년사에서 전국민이 반드시 실천해야 할 지상명령으로 다음과 같이 민주주의의 실현을 강조했다.

> 우리는 후방의 전 국민을 민주주의의 방식으로 계몽하고 조직하고 훈련하여 정치적 경제적 모든 운영방식을 민주주의로 추진하는 일입니다.

이러한 신념은 1954년 신년사에서도 가장 중요한 첫 번째 사업으로 세계민주전선과 결합한 국내 민주세력의 결집, 즉 민주전선의 결성이라고 강조하였다.

> 우리는 언제나 전 세계 민주진영의 종합전력과 합류하여 공동분투를 하는 동시에 우리 국민동포동지들이 금년 1년 동안에 할 과업을 몇가지 말씀하려 합니다. 첫째는 세계민주전선과 합류하려는 국내민주세력 결집인 민주전선의 결성입니다. 이것은 정치적으로 해결하려는 정치투쟁의 전개에서나 군사적으로 해결하려는 무장투쟁의 경우에서나 똑같이 필요한 것입니다.

이와 같이 신익희는 부산정치파동을 경험하면서 민주주의의 중요성을 확실히 인식하였다. 그리고 이승만정권을 이미 기본적인 자유민주주의 체제마저도 부정하는 정권으로 규정했다.

뉴델리밀회사건과 사사오입 개헌

부산정치파동이 신익희를 반이승만투쟁, 반독재민주화투쟁에 나서게 하는 계기였다면, '뉴델리밀회사건'은 신익희가 대통령후보로 나아가게 한 결정적 계기가 되었다.

부산정치파동 이후 신익희를 필두로, 조봉암 등은 범야권결합운동을 추진하고 있었다. 특히 1954년 3월 조봉암 등은 "우리의 당면과업"을 발표하는 등 범야권 신당 결성을 준비하고 있었다. 그런데 이승만과 결탁한 민국당의 극우세력이 신익희를 공격해 제거하기 위하여 '뉴델리밀회사건'을 일으켰다.

1954년 10월 발생한 '뉴델리밀회사건'은 당시 이승만이 다시 대통령중심제의 직선제 개헌을 준비 중인 상태에서 발생했다. 1954년 10월 27일 민주국민당 선전부장 함상훈咸尙勳이 신문지상을 통해, 신익희 민국당 위원장이 1953년 6월 2일 당시 국회의장 자격으로 영국의 엘리자베스 여왕 대관식에 참석한 후 귀국길에 인도의 뉴델리 공항에서 한국전쟁 때 납북된 조소앙趙素昻과 밀담하고 '제3세력'이 민국당 위원장 신익희와 내통하여 김일성과 이승만 정권을 배제한 중립화 정권 수립을 추진하려 했다는 것이다.

이 사건에 대해 『해공일기』에 의하면 신익희는 1954년 10월 30일 아

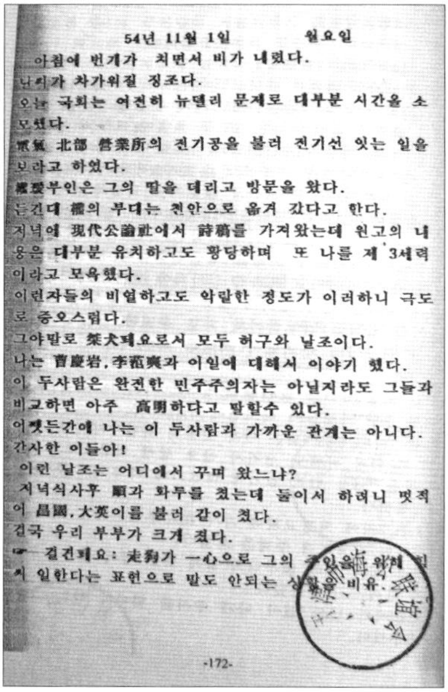

54년 11월 1일　　월요일

아침에 번개가 치면서 비가 내렸다.
날씨가 차가워질 징조다.
오늘 국회는 여전히 뉴델리 문제로 대부분 시간을 소모했다.
[illegible] 北部 營業所의 전기공을 불러 전기선 잇는 일을 보라고 하였다.
[illegible]부인은 그의 딸을 데리고 방문을 왔다.
듣건대 [illegible]의 부대는 천안으로 옮겨 갔다고 한다.
저녁에 現代公論社에서 詩稿를 가져왔는데 원고의 내용은 대부분 유치하고도 황당하며 또 나를 제 3세력이라고 모욕했다.
이런자들의 비열하고도 악랄한 정도가 이러하니 극도로 증오스럽다.
그야말로 桀犬폐요로서 모두 허구와 날조이다.
나는 曺慶岩, 李範奭과 이일에 대해서 이야기 했다.
이 두사람은 완전한 민주주의자는 아닐지라도 그들과 비교하면 아주 高明하다고 말할수 있다.
어쨌든간에 나는 이 두사람과 가까운 관계는 아니다.
간사한 이들아!
이런 날조는 어디에서 꾸며 왔느냐?
저녁식사후 [illegible]과 화투를 쳤는데 둘이서 하려니 멋적어 昌國, 大英이를 불러 같이 쳤다.
결국 우리 부부가 크게 졌다.
☞ 걸견폐요: 走狗가 一心으로 그의 주인을 위해 힘써 일한다는 표현으로 말도 안되는 상황을 비유.

-172-

『해공일기』의 뉴델리사건에 대한 기록(1954. 11. 1)

침 국회에서 "작년에 비행경과와 New Deli공항에서 반시간 체류했다가 그 비행기를 타고 직접 방콕으로 갔다", "소위 말하는 제3세력과는 아무런 연관이 없다"고 말했다. 그리고 당시 심정을 "이 일은 모두 허구이며 근거 없이 사람을 모략하는 것으로써 한탄스럽기 그지없다. 단지 인심이 이렇게까지 악독함을 느낄 뿐이다. 한심할 뿐이다. 나의 주변 사람들이 나로 인해 우려가 많다"고 기록했다.

11월 1일에도 국회는 뉴델리 문제로 대부분 시간을 소모했다. 『해공일기』 1954년 11월 1일에는 그날 저녁 현대공론사現代公論社에서 시고詩稿를 가져왔는데, 또 신익희를 "제3세력이라고 모욕"했다고 한다. 신익희는 당시 억울한 심정을 다음과 같이 기록하였다.

이런 자들의 비열하고도 악랄한 정도가 이러하니 극도로 증오스럽다. 그야말로 축견폐요로써 모두 허구와 날조이다. 나는 조경암曺慶岩, 이범석李範奭과 이 일에 대해 이야기했다. 이 두 사람은 완전한 민주주의자는 아닐지라도 그들과 비교하면 아주 고명高明하다고 말할 수 있다. 어쨌건 나는 이 두 사람과 가까운 관계는 아니다. …… 이런 날조는 어디에서 꾸며왔느냐?

이 사건은 곧바로 거짓으로 판명되었지만, 신익희에게는 큰 상처였다. 신익희는 정부수립 후 친 정부적 행동도 해왔지만, 오히려 반민특위 요원암살사건의 암살대상자로 지목되거나 국회프락치사건에 연류되었다. 심지어 대한반공연맹을 전국적인 조직으로 직접 만들어 남한의 반공체제구축에도 일조해 왔지만, 신익희 본인이 '뉴델리밀회사건'이라는 공작정치에 연루되었다. 신익희로써는 도저히 용납할 수 없는 일이 계속 발생한 것이다. 그 이전의 공안사건에도 몇 차례 연류되었지만, 그것이 다른 의원들과 연루된 것이라면, 이번 사건은 처음부터 신익희만을 겨냥한 사건이라는 점에서 차이가 있었다.

'뉴델리밀회사건'을 일으킨 이승만정권은 공포분위기 속에서 종신집권을 위해 1954년 11월 29일 헌법개정안을 통과시켰다. 소위 '사사오입사건'이 발생한 것이다. 핵심은 "순수한 대통령제로의 환원", "초대 대통령에 한해 3선 제한 조항 철폐"였다. 이 개헌안을 통과시키기 위해 이승만 정권은 '뉴델리밀회사건'을 조작하는 등 다양한 방법을 총동원했지만, 11월 27일 국회에서 표결에 붙인 결과 재적 203명 중 가 135표, 부 60표, 기권 7표로 개헌 정족수인 136표에 1표가 미달되어 부결되었다. 이 투표에 대해 신익희는 "비밀투표를 했으며 증거까지 있다고 하니 유치하기 짝이 없다"고 평가했다. 그날 저녁 이인李仁은 신익희 등을 초대했지만 신익희는 참석하지 않았다. 그런데 자유당 정권은 "국회의원 재

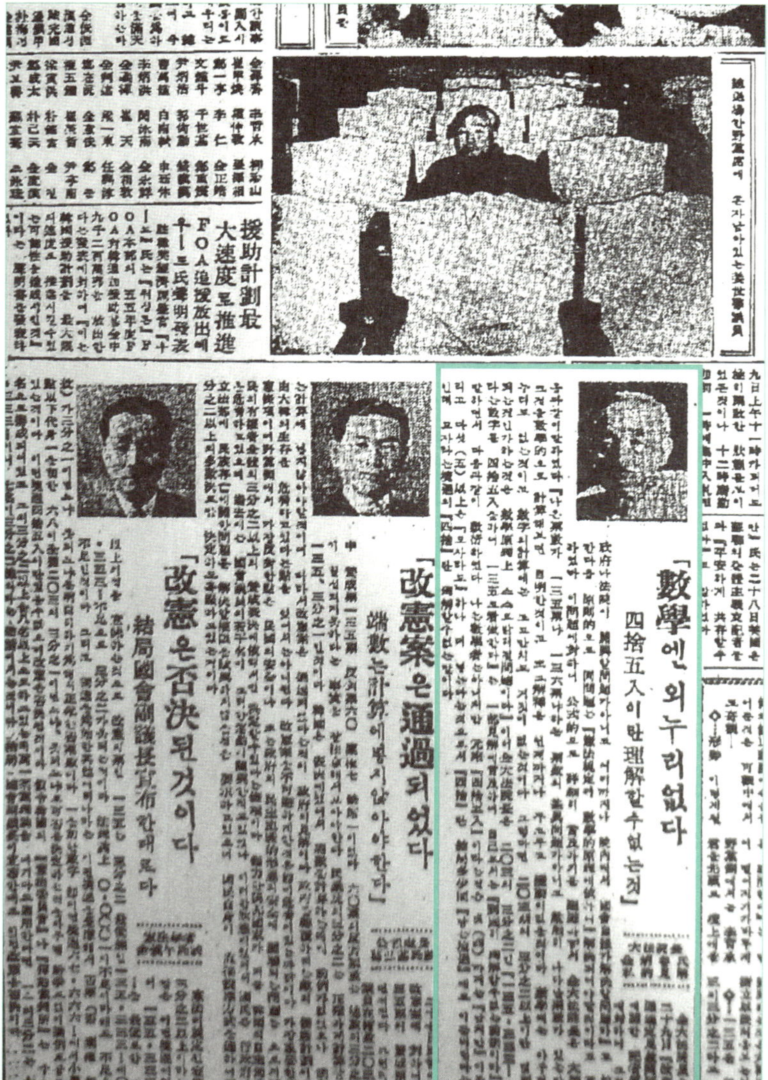

援助計劃最大速度로推進

「改憲은否決된것이다」

結局國會副議長宣布한대로다

「改憲案은通過되었다」

端數는計算에넣지않아야한다

「數學엔 외누리없다」

四捨五入이란理解할수없는것

사사오입은 이해할 수 없다는 김병로 대법원장의 인터뷰 내용(『동아일보』 1954년 11월 30일)

적 203명의 3분의 2는 135.333…으로, 135명이 된다"는 주장으로 이틀 후인 11월 29일 개헌안 가결을 선포하는 소위 사사오입 개헌 사건이 발생했다.

뉴델리밀회사건과 사사오입 개헌은 이승만 정권의 폭력성과 무법성을 다시 한 번 만천하에 보여준 것으로, 이후 반독재민주화운동은 전국적으로 확산되었다.

대통령후보 신익희

1950년 초 이승만 정권은 합리적인 자유민주주의체제를 거부하였다. 신익희 등 야권에서는 반이승만, 반독재투쟁을 위한 연합전선운동이 확산되었다. 특히 국회에서 날치기로 개헌안이 통과되던 1954년 11월 29일 60여 명의 야당의원들이 곽상훈 부의장 집에 모여 개헌파동에 대한 대책을 논의하고 그 수습위원으로 조병옥·장택상 등을 선출하였다. 그리고 다음 날 야당연합의 호헌동지회護憲同志會를 결성하였다. 11월 30일 결성된 호헌동지회는 신익희를 필두로 야당의 거물급 인사들이 망라되었다. 11월 30일 국회교섭단체로 정식 등록하고 12월 3일에는 새로운 야당연합조직을 구성하기 위해 '신당조직추진위원회'를 구성하였다.

그 후 1955년 7월 17일 신당발기준비위원회가 발기준비위원 167명 중 131명이 참석한 가운데 열렸지만, 혁신파와 보수파로 분화되어 1955년 9월 18일 신익희는 민주당을 발족하고, 조봉암은 사회당을 별도로 만들었다. 신익희의 민주당 창당은 한국정당사에서 현재의 대한민

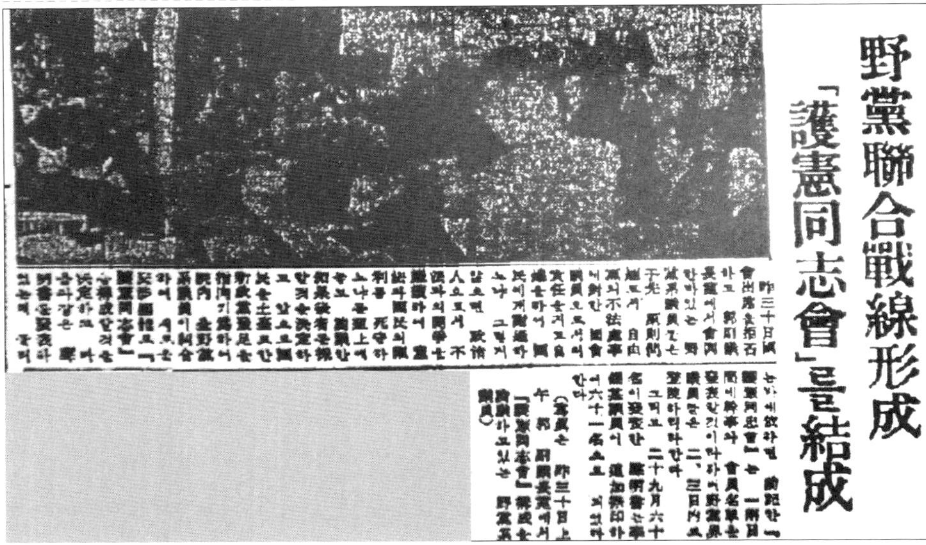

野黨聯合戰線形成

「護憲同志會」를結成

호헌동지회 결성 기사(『동아일보』 1954. 12. 1)

국 정통 보수야당사의 시작이었다. 민주당은 신익희를 필두로 장면, 조병옥, 곽상훈, 김도연, 윤병호 등 6인을 총무위원으로 선임하고, 신당 발기인회는 성명서를 발표하였다.

> 첫째, 공산주의와 일체 비민주적 요소를 배제하고 자유 인권을 신장하여야 하겠으며, 둘째, 헌법과 법률의 권위를 확립하고 건전한 대의정치와 책임정치를 구현하여야 하겠으며, 셋째로 자유경쟁 원칙하에 생산을 증강하고 사회정의에 입각한 수탈 없는 국민경제체계를 발전시켜야 하겠으며, 넷째로 민주우방과의 협조, 제휴를 통한 평화적 국제질서의 수립을

기하여야 하겠다.

민주당은 강령에 "특히 농민, 노동자, 기타 근로대중의 복리향상을 기한다"고 하였으며, 9월 19일 "반공산독재로 민주주의의 기초를 확립하자", "민주세력의 집결 강화로 책임정치를 실현하자"는 슬로건을 내걸었다.

1956년 3월 5일 자유당은 대통령후보에 이승만, 부통령후보에 이기붕을 지명하였고, 3월 28일 민주당은 대통령후보에 신익희, 부통령후보에 장면을 지명하였다. 정부통령선거는 5월 15일로 공고되었다. 선거운동이 시작되자 서울 등 대도시에서 민주당의 대통령후보 신익희와 진보당추진위원회의 대통령후보 조봉암의 인기는 대단했다. 사사오입 개헌 이후 남한사회는 반이승만, 반자유당 분위기가 대세였다.

1956년 4월 25일 오후 1시 민주당의 신익희와 진보당의 조봉암은 비밀회담을 하고 후보단일화를 논의하였다. 이때 조봉암은 다음과 같은 3개항을 제안하였다.

① 대통령은 신익희에게 양보하고 자신은 사퇴한다.
② 거국내각이란 공허한 말일 테니, 당선되거든 민주당 단독내각으로 책임정치를 펴기 바란다.
③ 야당 연합의 목적은 정권교체이다. 부통령은 정권교체와 무관한 자리이니 진보당의 박기출에게 양보하기 바란다.

대통령 후보 신익희 포스터

후보단일화 모습

조봉암은 범야권대통령후보로 본인이 사퇴하고 부통령은 진보당에 양보할 것을 제안하였다. 그러나 신익희는 부통령후보 장면의 입장을 감안 최종 결정을 하지 못하고 5월 15일까지 정세변화에 따라 재론하자는 말만 남기고 헤어졌다. 4월 25일 회의에 대해 신익희는 부통령 문제를 제외하고는 별다른 문제가 없다고 평가했다. 그러나 야권통합운동은 결국 순탄하지 않았다. 1956년 5월 15일 실시한 제3대 대통령선거에 신익희는 민주당 후보로 나갔다. 신익희의 "못살겠다 갈아보자"라는 구호와 신익희의 유세는 당시 전국적으로 선풍적인 호응을 받았다. 『해공일기』에 의하면, 부산에서 12~13만 명, 대구에서 14~15만 명, 대전에서 2만여 명, 청주에서 3천~4천여 명, 그리고 5월 2일 인천에서 6~7만 명의 군중이 참여하였다고 한다. 신익희의 유세는 5월 3일 오후 2시 서울 한강백사장에서 최고조에 달했다. 30만여 명이 참석한 것이다. 이 한강백사장 연설이 최절정으로 민주당이 곧 정권을 잡을 것 같은 분위기였다.

대통령후보 신익희포스터

> 우리들의 살림살이 살아가는 형편이 어떠한 모양입니까. (생략) 우리들이 살아가는 이 모양 이 꼬락서니, 우리들이 40년 동안을 두고 주야로 바라

고 원하던 독립이 이것이 결코 우리가 사는 꼬락서니가 이와 같으리라고 생각한 것은 아닐 것입니다. (생략) 이 이유가 무엇입니까. 이 까닭은 말하자면 책임 맡아 나라 일하는 이들이 일 잘못해서 이 꼬락서니가 되었다는 결론입니다. (생략) 여러분 ! 오직 우리나라 정치가 한 사람의 의사에 의해 1인 독재정치로 여론을 다 무시하고 제 마음대로 제 뜻대로 함부로 비판이나 모든 가치의 체계 없는 생각이랑, 정책이랑, 함부로 거듭해서 불법不法이니, 무법無法이니, 위법違法이니 하는 것이 헌법을 무시하는 것을 비롯하여 큰 법률, 작은 법률 지키지 않는 까닭에 우리들의 도덕은 여지없이 타락되어서 사람인지 짐승인지 구별 없는 여차한 형편으로 한심한 형편이 되어 있는 것이 아닙니까.

신익희는 지금과 같은 삶을 위해 우리가 40여 년 동안 고생하면서 독립운동을 한 것은 아니라고 하면서, 그 이유는 법 위에 군림한 이승만 일인 독재정권 때문이라고 하였다. 그리고 민주주의는 법 앞에서의 평등, 국민이 중심인 사회를 의미한다고 하였다.

유세장에는 대단히 많은 인파가 몰렸다. 『동아일보』는 이 유세장에 30만 명이 모였다고 보도했고, 『해공일기』에도 30여만 명으로 기록되어 있다. 미대사관 측은 15만 명 내지 20만 명이 모인 것으로 추정하였다. 이 숫자는 서울유권자의 4분의 1이었다. 대세는 이미 신익희에게 기울고 있었다. 그러나 5월 5일 새벽 신익희는 전북 이리의 호남선 열차 안에서 뇌일혈로 사망했다.

5월 5일 오후 4시 8분 서울역에 도착한 운구가 효자동 자택까지 가

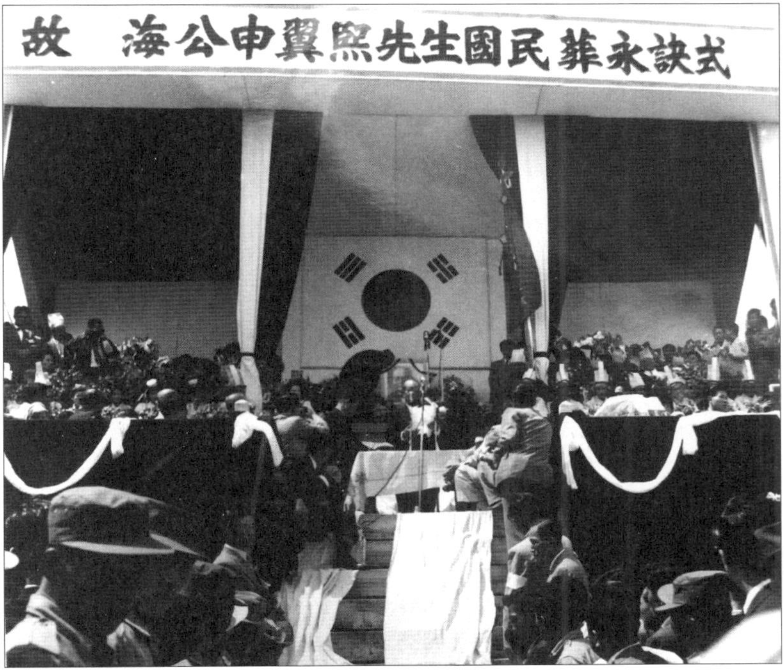

신익희의장 영결식 모습

는 동안 몰려든 군중들이 "사인을 규명하라"고 고함을 질렀다. 이 아우성은 "못살겠다 갈아보자! 독재정권을 타도하자!", "이승만 정권 타도하자"라는 외침으로 확산되었다. 그의 유해를 경무대 쪽으로 끌고 가려 하자 경찰과 충돌이 일어나 경찰의 발포 등으로 10여 명의 사상자가 발생하고 무려 7백여 명이 피검되었다. 이 시위는 1950년대에 있었던 최초의 반정부 시위로 평가되고 있다.

신익희 서거에 대해 1949년 사회당 최고위원 겸 부녀회장을 역임한 김선은 다음과 같이 말하였다.

그때 대통령후보에서 신익희 선생은 '못살겠다 갈아보자' 하고 나오고 이승만 대통령은 나쁜 놈들 내가 여태껏 해주니까 이제 못살겠다고 나와? 하고 화를 냈지. 신익희 씨가 죽고 나니까 참 이상하지. 사람이 갑자기 기운이 빠져요. 사무실 나가기도 싫고, 문화관 짓는 것도 싫고, 맥이 빠져요. 신익희 씨한테 뭐 부탁한 것도 없는데. 기분이 안 나더라구요. 사람 죽는 거 보고 하니까 다 하기 싫대.

5월 15일 투표결과는 충격적이었다. 제1야당의 후보가 죽자 이승만은 승리를 확신하였지만, 이승만 504만여 표, 조봉암 216만여 표, 신익희 추모표가 185만여 표를 얻었다. 서울의 경우 전체 투표자 60만여 명 중, 이승만 20만여 표, 신익희 추모표가 무려 28만 4,359표였다. 신익희가 서거하였지만 서울에서 신익희에 대한 추모표가 이승만 표를 눌러버리는 이변까지 생길 정도였다. 반사적으로 그것은 민주당에 대한 지지로 나타났다. 그리하여 부통령은 장면이 당선되어 대통령과 부통령이 정당을 달리하게 되었다. 당시 이승만 정권의 엄청난 부정선거를 감안하면, "투표에는 이기고 개표에는 진" 상황이었다. 이승만은 선거결과에 대해 "이번 선거는 친일하는 사람과 용공주의자들을 지지하는 사람이 많은 것 같다"고 하면서 신익희 지지세력을 오히려 친일파로 매도하기도 하였다.

신익희의 서거는 독재정치가 아닌 새로운 민주주의를 갈망하는 국민들의 열망을 외면하였지만, 대한민국 헌정사에서 한국야당사의 시작, 야권통합운동의 추진을 통해 반독재민주화운동의 본격적인 시작을 알리는 계기가 되었다.

08 좌우의 벽을 뛰어넘은 '현실적 민족주의자'

지금까지 신익희가 걸어 온 길을 대략 살펴보았지만 그는 한 마디로 말하기는 힘든 인물이다. 우선은 일제강점기 독립운동, 해방 직후 신국가 건설운동, 정부수립 후 반독재민주화운동을 추진한 현실적 민족주의자라고 평가할 수 있다. 그의 철학적 기반은 양명학의 실용주의로, 명분보다는 실질, 당위보다는 현실가능성, 이념보다는 투쟁 등을 중시했다.

신익희는 한말 민족교육운동과 3·1운동에 참여한 후 상해로 망명하였다. 1919년 임시정부를 조직하고 임시헌장·대한민국임시헌법을 기초하고, 연통제를 직접 운영하기도 하면서 임시정부 수립에 동분서주하였다. 특히 임시정부 수립 직후 대통령인 이승만이 워싱턴에서 부임하지 않고, 국무총리 이동휘는 상해에서, 법무총장 신규식은 항저우에서, 내무총장 이동녕과 재무총장 이시영은 베이징에서, 군무총장 노백린과 학무총장 김규식은 미국에 있으면서 취임하지 않자 선임된 각료들의 취임을 촉구하기도 하고 직접 찾아가서 모셔오기도 했다. 뿐만 아니라 이승만 대통령에게는 대통령도래촉구안을 제출했다. 그럼에도 이승만이 임시정부를 계속 외면하자 결국 이승만대통령불신임운동을 펴기도 하였다.

하지만 민족주의자 신익희는 국내외 정세 판단에서 그 누구보다도 명분보다는 현실을 중시하였다. 임시정부가 통일적 기능을 하지 못하자 국민대표회의 소집을 주장하는 등 새로운 독립방략을 모색하기도 하고, 한국혁명당·신한독립당을 직접 만들고, 민족혁명당·조선민족전선연맹 등에 참여하는 등 정당통합운동·민족협동전선운동을 전개하기도 하였다. 필요한 경우 좌파무장독립운동의 길로 나아가기도 했다. 심지어 조선청년전위동맹 등 좌파적 독립운동 단체에 참여하기도 하였다. 민족협동전선만이 일제와 싸울 수 있는 최선의 방략이고 민족이 독립할 수 있는 현실적 길이라고 믿으며, 국내외 좌우 독립운동 세력과의 연대를 넘어 중국과의 연대를 통한 독립운동도 전개하였다.

해방 이후에는 임시정부를 중심으로 새로운 국가를 건설하고자 했다. 임시정부 산하에 정치공작대와 행정연구위원회를 조직하여, 정치·경제·사회·문화·법률 등 사회 각 분야별 신국가건설을 준비하였다. 해방 후 그의 민족운동은 임시정부 승인 문제를 넘어 신국가가 실질적으로 작동될 수 있도록 사회 각 영역별 시스템 마련으로 구체화하였다. 그럼에도 해방 직후 한국은 미·소에 의해 점령된 미완성의 독립국가로 보고 여전히 제2의 독립운동이 필요하다고 인식하였다. 이에 따라 1945년 12월 말 신탁통치문제를 계기로 국자 1·2호를 발표하여 미군정 산하에 있는 전국 행정과 경찰기구를 임시정부가 접수하려 했다. 이에 대해 미군정이 미군정에 대한 '쿠데타'라고 규정할 정도로 신익희는 미군정과

대통령후보 당시 민주당사 앞(1956)

각을 세우고 있었다. 1946년 8월 29일 국치일을 계기로 신익희는 제2차 쿠데타를 재차 일으키기도 하였다.

또한 신익희는 1946년 12월 남조선과도입법의원에 참여하였다. 임시정부를 중심으로 신국가건설을 준비했지만, 남북협상을 추진한 김구·조소앙과 달리 이승만과 함께 단독정부수립운동을 전개하였다. 그럼에도 정부수립 이후에는 부산정치파동, 사사오입 개헌 등을 거치면서 조봉암과 범야권통합운동을 전개하기도 하고 민주당을 만들어 야권 대통령후보로 출마하기도 하였다.

특히 주목되는 것은 신익희는 단정운동에 참여하고 전국적인 반공연

신익희 국민장 모습

맹을 만든 대표적인 반공주의자였지만, 오히려 '반민특위요원암살음모사건'의 암살대상자, '국회프락치사건', '뉴델리 밀회사건' 등 정부수립 전후 대표적인 공안사건에 직간접적으로 연루되었다는 사실이다. 이는 이승만 계열의 입장에서 신익희는 일찍부터 제거대상으로 분류되었다는 사실을 반증하는 것이다.

신익희를 이승만 계열로 분류하는 사람도 있지만, 이는 1948년 단독정부수립운동 전후의 모습만을 염두에 둔 평가로, 일제강점기 독립운동 과정과 해방 직후 제2독립운동, 그리고 정부수립 이후 이승만과의 관계 등을 총체적으로 살펴본다면 이러한 인식은 명확히 한계가 있다. 신익희는 이승만과 수차례 직간접적으로 대립하고, 1956년 반민주·반독재운동의 정점에 서서 "못살겠다. 갈아보자"를 내걸고 국민들의 절대적 지지를 이끌어 내기도 하였다.

그러던 중 1956년 호남선 열차에서 숨을 거두었을 때 국민들의 애도 행렬은 끊이지 않았다. 그리고 그의 죽음을 애도하며 만들어졌다는 노래 '목포의 눈물'은 지금도 국민들의 애창곡이다.

이처럼 신익희는 전통 가학인 양명학의 영향으로 지행합일의 사고방식, 명분보다는 현실, 이념보다는 실제 투쟁을 중시한 실사구시적 철학에 입각하여, 일제강점기 독립운동가, 해방 직후 신국가건설운동가, 정부수립 후 반독재민주화운동가로 활동하였다. 그 과정에서 현실적인 국내외 정세판단을 기초로 필요하면 좌·우익을 넘나들었다. 이런 측면에서 신익희를 좌우의 경계를 넘나든 '현실적 민족주의자', '실사구시의 민족주의자'로 규정할 수 있다.

신익희의 삶과 자취

1894. 7. 11	경기도 광주군 초월면 서하리 사마루에서 평산 신씨 6남 1녀 중 막내아들로 태어남. 호는 해공海公이고 이명은 왕해공王海公
1898	천자문 수학
1903	사서삼경 독파
1905	광주 보통학교에 입학하여 수학
1908	한 살 위인 해영 이승희李承姬와 결혼
	관립한성외국어학교 영어과에 입학하여 신학문을 수학
1910	한성외국어학교 영어과 졸업
1912	와세다대학 정경학부 입학. 일본 각지를 답사
	안재홍, 송진우, 문일평 등과 학우회를 조직
1913	일본 유학생들과 비밀결사 단체인 '조선학회' 조직하고, 2·8독립운동을 계획
	방학 때 귀국하여 경기도 광주에 광동강숙 설립
1914	학우회에서 기관지 『학지광』 발행
1916. 9	학우회 제4대 회장으로 선임
	와세다대학을 졸업하고, 귀국 후 향리의 동명상습소에서 신문화운동을 주도하면서 개화사상과 민족의식을 고취
1917	사마루에서 민중계몽을 위한 동명강습소 운영하고, 신문화를 소개하고 개화사상 고취. 상경하여 중동학교 교사로

	재직
1918	고려대 전신 보성법률상업학교 교수로 재직하며 비교헌법, 국제공법, 재정학 등 강의
	가을경부터 최린, 임규, 윤홍섭, 송진우, 최남선, 정노식 등과 명월관에서 비밀회합을 갖고 제1차 세계대전의 종전에 즈음한 독립운동계획을 밀의
1919. 1	동삼성에서 난징을 거쳐 상해에 도착
2	상해를 떠나 3월 3일 귀국. 서울 조정환 집에서 기미독립선언서를 등사하여 전국에 배포
3. 5	제2차 만세시위 주도, 일경의 수배를 받으며 피신
3. 14	경기도 대의원에 추대. 백립 쓴 촌부 차림으로 중국 망명길에 오름
4. 10	상해에서 개최된 제1회 임시의정원 회의에서 임시의정원 의원에 선임. 내무차장, 임시의정원 법제분과위원장, 대한민국 임시헌장 기초위원 등을 역임
1920. 3	상해 대한민국임시정부 내부총장·외무총장 대리, 국무원 비서장 역임
3. 19	윤현진, 계봉우, 윤기섭 등 17명의 의원과 대통령래도촉구안을 임시의정원에 제출하여 통과시킴
1921	임시정부 법무총장, 문교부장, 외교부장, 의정원 부의장 등 역임
	이른 봄 이승만 임시정부 대통령과 항저우, 쑤저우 순행
4	김규식(조선), 오산(중국) 등과 한중호조사韓中互助社를 창립
1922. 3. 11	독립운동계의 통합을 목적으로 윤기섭, 양기하, 손정도, 연병호 등과 함께 국민대표회의 소집 건의안을 제출

6. 10	이승만 대통령 불신임안 제10차 임시의정원에 상정, 6월 17일 가결
1923	중국 후징이의 중국군 육군중장에 임명되어 군무에 복무, 한·중 양국청년 200여 명을 규합하여 분용대를 조직하여 항일유격전에 대비
1927	난징南京정부 심계원장審計院長의 배려로 심계원에 근무
1931. 1	윤기섭, 성주식, 최용덕, 김홍일 등과 난징에서 한국혁명당 조직. 기관지 『우리의 길』 발행
1932	김규식, 김원봉 등과 난징에서 한국대일전선통일연맹 결성
1934. 2	한국혁명당의 신익희·윤기섭 등은 한국독립당과의 제휴를 모색하여 난징에서 회합하고 양당을 해체 신한독립당 결성
1935. 7	난징 진링대학에서 신한독립당, 의열단, 조선혁명당, 한국독립당, 대한독립당 등 5당 통합운동을 전개하고 '민족혁명당'을 창당
1937. 12	민족혁명당, 조선민족해방동맹, 조선혁명자동맹, 무정부주의자 등 연합인 조선민족전선연맹 결성에 참여
1938. 5. 17	김원봉 등과 함께 중국육군군관학교 강릉분교 내의 특별훈련반을 방문
9	한커우에서 조직된 조선청년전위동맹에 참여
10	김규식, 김원봉 등과 상의하여 조선민족전선의 무장조직인 조선의용대 편성
1939. 8. 27	조선민족혁명당, 조선혁명자동맹, 조선민족해방동맹, 조선청년전위동맹, 한국국민당, 한국독립당, 조선혁명당 등 7개 단체가 민족통일전선운동을 위한 7당통일회의에 조소앙, 조완구 등과 함께 3인 주석단에 선임

1942. 8. 4	이현수, 이연호, 장건상 등과 함께 임시정부 외교연구위원회 위원으로 발탁
1943. 4. 10	조소앙, 엄항섭, 김상덕, 손두환 등과 함께 임시정부 선전위원회 위원으로 선임
	한중문화협회 이사에 선임
1944. 2	충칭 임시정부가 좌우합작의 연립내각이 성립되자 내무부장에 선임
4. 22	충칭 임시정부 국무위원에 선임
1945. 8. 15	충칭에서 조국의 해방을 맞이함
12. 1	임시정부 요인 2진으로 27년 만에 고국으로 환국
12.	정치공작대政治工作隊 및 행정연구위원회 조직
12. 31	국자 1호와 국자 2호 등 임시정부 포고문 발표
1946. 1	반탁 총파업을 지도, 반공활동을 주도
	지방조직도 완비하며 건국에 진력
3	자유신문사 사장으로 취임
8	대한독립촉성국민회 부위원장에 선임. 신익희의 제2차 쿠데타 발생
12. 12	남조선과도입법의원에 한국독립당 후보로 나와 서울 민선대의원에 선임
1947. 7. 20	한국독립당 탈당
1948. 3	김규식에 이어 남조선과도입법의원 2대 의장 피선
5. 10	경기 광주지구에서 제헌국회의원에 무투표 당선
5. 31	국회부의장에 선출
8. 4	이승만의 후임으로 국회의장에 선출
10	이청천과 함께 대한국민당 창당

11	'반민특위요원암살음모사건'의 암살대상자로 지목
1949. 2	민주국민당을 결성하고, 김성수, 이청천, 백남훈 등과 함께 최고위원으로 추대
1950. 5. 30	제2대 국회의장에 재당선
1953. 5. 18	국회의장으로 영국 엘리자베스여왕 대관식 참석차 출국하여 우방 26개국의 순방길에 올라 9월 19일 귀국
1954. 5. 20	제3대 국회의원 총선거에 입후보하여 경기 광주지구에서 3선으로 당선
10	'뉴델리밀회사건' 발생
11. 30	사사오입 개헌 사건에 대한 대응으로 야당연합의 호헌동지회 결성
1955. 9. 18	야권연합운동과 민주당 창당. 당대표로 선출
1956. 3	민주당 대통령후보로 지명
5. 3	한강백사장에서 선거유세
5. 5	새벽 호남지방 유세차 호남선열차 내에서 뇌일혈로 급서 유해가 이리역에서 서울로 귀환
5. 15	제3대 정부통령선거에서 185만여 표의 추모 표를 얻음
5. 23	국민장 엄수, 회장자 1백만 애도 속에 수유리 산록에 안장
1962. 3. 1	대한민국 건국공로 훈장 대한민국장 추서

참고문헌

자료

- 국가보훈처, 『독립운동사 1-10』, 1971/1978.
- 국가보훈처, 『대한민국임시정부법령집』, 1999.
- 국가보훈처, 『미주한인민족운동자료』, 1988.
- 국가보훈처, 『한국독립운동사료』, 1999.
- 『국무회의록』 1949~1956년판.
- 국사편찬위원회, 『한국독립운동사 자료』 I~XI, 탐구당, 1973/1982.
- 국사편찬위원회, 『한국독립운동사』 I~V, 탐구당, 1965/1969.
- 국사편찬위원회, 『한국사』 21~25, 탐구당, 1976.
- 국사편찬위원회, 『자료대한민국사』 1~14, 1968~2000.
- 국사편찬위원회(편), 『자료 대한민국사 1』, 국사편찬위원회, 1968.
- 국회도서관, 『임시약헌제정회의록(과도입법의원)』, 1968.
- 국회도서관, 『대한민국임시정부의정원문서』, 1974.
- 국회도서관, 『헌법제정회의록(제헌의회)』, 1967.
- 국회도서관, 『한국민족운동사료』 1~4, 1976.
- 국회사무처, 『국회사』 제헌국회-8대국회, 1971~1976.
- 『독립운동사』, (3 · 1운동사) 상 · 하, 1971.
- 독립운동사편찬위원회, 『독립운동사』 (임시정부사), 1973.
- 독립운동사편찬위원회, 『독립운동사』 자료집 제7~9집(임시정부사), 1973.
- 독립운동사편찬위원회, 『독립운동사』 자료집 별집 II(임시정부사), 1973.

- 삼균학회, 『조소앙선생문집』 상 · 중, 횃불사, 1979.
- 신문(일제강점기): 『앞길』, 『신한민보』, 『독립』, 『국민보』, 『독립신문』, 『조선일보』, 『동아일보』 등.
- 신문(해방 이후): 『자유신문』, 『서울시문』, 『독립신문』, 『조선인민보』, 『중앙신문』, 『민주중보』 등.
- 신익희, 『나의 自敍傳』, 1953.
- 신익희, 「구술신익희」, 『해공신익희』, 1972.
- 안재홍, 『신민족주의와 신민주주의』, 민우사, 1945.
- 중앙선거관리위원회, 『대한민국선거사』, 중앙선거관리위원회, 1967.
- 중앙선거관리위원회, 『대한민국정당사』, 중앙선거관리위원회, 1964.
- 중앙일보사 현대사연구소, 『미국CIC보고서』, 1~4, 1996.
- 한시준 편, 『대한민국임시정부법령집』, 국가보훈처, 1999.

저서

- 강동진, 『일제의 한국침략전쟁사』, 한길사, 1984.
- 강만길, 『한국현대사』, 창작과 비평사, 1984.
- 강만길, 『증보 조선민족혁명당과 통일전선』, 역사비평사, 2003.
- 고승제, 『한국이민사연구』, 장문사, 1973.
- 고정휴, 『이승만과 한국독립운동』, 연세대학교 출판부, 2004.
- 김기진, 『국민보도연맹』, 역사비평사, 2002.
- 김상웅, 『백범김구평전』, 시대의 창, 2004.
- 김석영, 『해공신익희 선생 일대기』, 早稻田대학동창회, 1956.
- 김원기, 『해공신익희선생 50주기 추도식』, 국회사무처, 2006.
- 김학준, 『해방공간의 주역들』, 동아일보사, 1996.
- 김희곤, 『중국관내한국독립운동단체연구』, 지식산업사, 1995.
- 노경채, 『한국독립당연구』, 신서원, 1996.
- 도진순, 『한국민족주의와 남북관계』, 1997.

- 박경식, 『일본제국주의의 조선지배』, 청아출판사, 1986.
- 박찬승, 『한국근대 정치사상사연구』, 역사비평사, 1992.
- 박환, 『만주한인민족운동사연구』, 일조각, 1990.
- 반병률, 『성재 이동휘일대기』, 범우사, 1998.
- 백운선, 『제헌국회내 소장파의원 연구』, 서울대정치학과 박사논문, 1992.
- 류중석, 『해공이야기』, 민족공동체연구소, 1999.
- 서중석, 『이승만과 제1공화국』, 역사비평사, 2007.
- 서중석, 『한국현대민족운동연구』, 역사비평사, 1996.
- 서중석, 『한국현대민족운동연구 2』, 역사비평사, 1996.
- 서중석, 『비극의 현대지도자』, 성균관대학교출판부, 2002.
- 서중석, 『조봉암과 1950년대(상)(하)』, 역사비평사, 1999.
- 서중석, 『이승만의 정치이데올로기』, 역사비평사, 2005.
- 신문학회, 『신익희 : 해공선생전기』, 신문학회, 1956.
- 신용하, 『독립협회연구』, 일조각, 1976.
- 신용하, 『한국민족독립운동사연구』, 을유문화사, 1985.
- 신용하, 『한국근대민족운동사연구』, 일조각, 1988.
- 신창현, 『海公申翼熙先生略傳』, 五五義擧同志會, 1967.
- 신창현, 『신익희선생연설집』, 1961.
- 신창현, 『내가모신해공신익희』, 해공신익희선생기념사업회, 1989.
- 신창현, 『해공 신익희』, 1992.
- 신주백, 『1920~1930년대 중국지역 민족운동사』, 선인, 2005.
- 심지연, 『한국민주당연구』, 풀빛, 1982.
- 심지연, 『해방정국논쟁사』, 한울, 1986.
- 염인호, 『김원봉연구』, 창작과비평사, 1993.
- 유영익, 『이승만의 삶과 꿈』, 중앙일보사, 1996.
- 유치송, 『해공신익희일대기』, 해공신익희선생기념사업회, 1984.
- 윤경로, 『105인 사건과 신민회연구』, 일지사, 1990.

- 윤병석, 『광복사』, 정음사, 1975.
- 이강수, 『반민특위연구』, 나남, 2003.
- 이강수 공저, 『분단의 두얼굴』, 역사비평사, 2005.
- 이강수 공저, 『한국근현대사와 친일파문제』, 아세아문화사, 2000
- 이기택, 『한국야당사』, 백산서당, 1987.
- 이기하, 『한국정당발달사』, 의회정치사, 1960.
- 이용곤, 『해공신익희의 정치노선에 관한 연구』, 경남대학교 박사논문, 2008.
- 이현희, 『대한민국임시정부사연구』 2, 혜안, 2004.
- 이현희 · 오영섭 · 정경환, 『해공 신익희』, 삼화출판사, 2007.
- 정병준, 『한국전쟁』, 돌베개, 2006.
- 정정화, 『녹두꽃』, 도서출판 미완, 1987.
- 조동걸, 『한국근현대사의 이해와 논리』, 지식산업사, 1998.
- 조동걸, 『한국민족주의의 성립과 독립운동사 연구』, 지식산업사, 1989.
- 조동걸, 『현대한국사학사』, 나남출판사, 1998.
- 조동걸, 『그래도 역사의 힘을 믿는다』, 푸른역사, 2001.
- 한시준, 『한국광복군연구』, 일조각, 1994.
- 한시준, 『대한민국임시정부의 좌우합작운동』, 한울, 1995.
- 한시준, 『의회정치의 기틀을 마련한 홍진』, 탐구당, 2006.

논문

- 강만길, 「독립운동의 역사적 성격」, 『분단시대의 역사인식』, 창비사, 1978.
- 강준식, 「신익희 우익 쿠데타를 기도했었다」, 『월간다리』, 월간다리사, 1990.
- 김상기, 「조선말 도미유학교육의 실태와 연구경향」.
- 김인덕, 「학우회의 조직과 활동」, 『국사관논총』 제66집.
- 김일영, 「신익희, 건국에 참여한 임정출신의 현실주의자」, 『한국사 시민강좌』 43, 일조각, 2008.
- 김용달, 「해공신익희와 대한민국」, 『한국학논총』 34, 국민대학교, 2010.

- 김용달, 「해공신익희의 가학과 민족교육운동」, 『한국근현대사연구』 22, 한국근현대사연구회, 2002.
- 김용달, 「신익희의 생애와 민족운동」, 『한국독립운동의 인물과 노선』, 한울, 2004.
- 김인덕, 「학우회의 조직과 활동」, 『한국사논총』 66, 1995.
- 김학준, 「만인의 가슴에 남아있는 거목의 생애 : 해공신익희 선생 재조명」, 『국회보 403호』, 국회사무처, 2000.
- 김희곤, 「한국노병회의 결성과 독립전쟁 준비방략」, 『윤병석화갑기념논총』, 1990.
- 남광규, 「해방이후 신익희의 정치활동과 정치노선」, 『평화연구』 18권 2호, 고려대평화연구소, 2010.
- 도진순, 「해방전후 신익희의 노선과 활동」, 『한국현대사연구』, 백산서당, 1999.
- 민족공동체연구소, 「해공신익희 선생 국회속기록-뉴델리회담설 관련」, 『민족공동체연구 4』, 1991.
- 민족공동체연구소, 「해공신익희 선생 일대기」, 『민족공동체연구 4』, 1991.
- 박진희, 「해방직후 정치공작대의 조직과 활동」, 『역사와현실』 21, 역사비평사, 1996.
- 박환, 「잊혀진 만주지역 독립운동가 김창환의 민족운동」, 『한국민족운동사연구』 73.
- 배성동, 「한국정치의 민주적 발전과제-해공신익희」, 『사회과학논총』 14, 명지대, 1988.
- 서중석, 「김구노선의 좌절과 역사적 교훈」, 『한국현대정치사』 1, 실천문화, 1989.
- 서중석, 「정부수립후 반공체제 확립과정에 대한 연구」, 『한국사연구』 90, 한국사연구회, 1996.
- 염인호, 「김원봉-의열투쟁과 무장독립운동의 선구자」, 『한국사시민강좌』, 일

조각, 2010.
- 염인호, 「항일전선 통일운동과 민족해방운동」, 『새로운한국사길잡이』, 한국사연구회, 2008.
- 염인호, 「조선의용군과 월남 독립동맹」, 『한국근현대사연구』, 한울, 2007.
- 양영석, 「1940년대 조선민족혁명당의 활동」, 『한국독립운동사연구』 3집.
- 오유석, 「5·30총선과 이승만정권의 위기」, 『역사비평』 1992년 봄호.
- 오유석, 「이승만 대 조봉암, 신익희」, 『역사비평』 17호, 역사비평사, 1992.
- 이재호, 「윤기섭의 대한민국임시의정원 참여와 활동」, 『한국독립운동사연구』 제39집.
- 이강수, 「1942-45년 국제공관설에 대한 임시정부의 대응」, 『한국민족운동사연구』, 나남, 1997.
- 이강수, 「1948-50년 지방의 친일파 숙청활동 연구」, 『국사관논총』, 2004.
- 이강수, 「1960년 양민학살사건진상조사특별위원회의 연구」, 『한국근현대사연구』, 한울, 2008.
- 이강수, 「반민특위 도조사부의 조직과 활동」, 『한국학보』, 2003.
- 이강수, 「반민특위 방해공작과 '증인' 및 '탄원서' 분석」, 『한국독립운동사연구』, 2003.
- 이강수, 「친일파청산 · 반민특위와 백범」, 『한국사학보』, 2004.
- 이강수, 「해방직후 남북한의 친일파숙청논의」, 『전남사학』, 2003.
- 이강수, 「해방직후 대한민국 국군의 창군과 그 역사성」, 『군사』, 2013.
- 이강수, 「모스크바삼상회의결정안대한 좌파정당의 대응」, 『한국근현대사연구』, 한울, 1996.
- 이강수, 「해방직후 국군준비대의 결성과 그 성격」, 『군사』 32, 국방군사연구소, 1996.
- 이강수, 「국민대학과 미군정」, 『해공의 건학이념과 국민대학교 설립의 역사적 의의』 개교53주년기념 학술세미나, 1999.
- 이강수, 「해방직후 미군정의 교육통제정책과 민립대학설립운동」, 『북악사

론』.
- 이강수, 「1949년 국무회의록의 반민특위 기록」, 『기록보존』 16, 정부기록보존소, 2003.
- 이강수, 「1960년 양민학살사건진상조사특별위원회 연구」, 『한국근현대사연구』, 한울, 2008.
- 임경석, 「국민대표회의 원내 대표원단연구」, 『한국사학보』 제51호, 2013.
- 장석흥, 「해공 신익희의 망명과 중국에서의 독립운동」, 『한국학논총』 37, 국민대학교, 2012.
- 장석흥, 「대한민국임시정부의 환국과 민족대학」, 『충북사학』 11·12합집, 2000.
- 정병준, 「남한진주를 전후한 주한미군의 대한정보아 초기 점령정책」, 『사학연구』 51, 1996.
- 정병준, 「백범 김구암살 배경과 백의사」, 『한국사연구』 128.
- 정윤재, 「해공신익희의 민주적 정치리더십 분석」, 『개교기념학술심포지움』, 국민대사회과학연구소, 2000.
- 조동걸, 「대한민국임시정부의 조직」, 『한국사론』 10, 국사편찬위원회, 1981.
- 조동걸, 「대한민국임시정부」, 『한국사』 21, 국사편찬위원회, 1976.
- 조동걸, 「해공 신익희의 임시정부 활동」, 『한국학논총』 18, 국민대, 1996.
- 조철행, 「국민대표회(1921~1923) 연구」 고려대학교 사학과 논문, 1995.
- 추헌수, 「대한민국임시정부와 중국과의 관계」, 『한국사론』 10, 국사편찬위원회, 1981.
- 한상도, 「김구의 항일특무조직과 활동」, 『한국민족운동사연구』 4, 1989.
- 한상도, 「중일전쟁 전후 조선민족혁명당의 활동과 그 추이」, 『한국민족운동사연구』 16.
- 한시준, 「광복군의 창설배경」, 『동양학』 22, 1992.
- 한시준, 「독립운동정당과 해공 신익희」, 『해공사상강연논문』, 해공신익희선생기념사업회, 1996.

- 한시준, 「독립운동과 해공신익희」, 『(우송조동걸교수정년기념논총) 한국민족운동사연구』, 나남, 1997.
- 한시준, 「해공신익희와 대한민국임시정부」, 『한국근현대사연구』 41, 2007.
- 한시준, 「한중문화협회운동의 현대사적 의의」, 한중수교15주년 · 한중문화협회창립65주년기념국제학술회의, 2007.

찾아보기

ㄱ

ㅂ

ㅅ

ㅇ

ㅈ

ㅊ

ㅌ

ㅎ

좌우의 벽을 뛰어넘은 독립운동가 신익희

1판 1쇄 인쇄 2014년 12월 20일
1판 1쇄 발행 2014년 12월 26일

글쓴이 이강수
기 획 독립기념관 한국독립운동사연구소
펴낸이 윤주경
펴낸곳 역사공간
주소: 서울시 마포구 동교로 142-11(서교동, 플러스빌딩 3층)
전화: 02-725-8806~7, 팩스: 02-725-8801
E-mail: jhs8807@hanmail.net
등록: 2003년 7월 22일 제6-510호

ISBN 979-11-5707-036-7 03900

• 잘못된 책은 바꿔 드립니다.
• 이 도서의 국립중앙도서관 출판예정도서목록(CIP)은 서지정보유통지원시스템 홈페이지(http://seoji.nl.go.kr)와 국가자료공동목록시스템(http://www.nl.go.kr/kolisnet)에서 이용하실 수 있습니다.(CIP제어번호: CIP2014037503)

역사공간이 펴내는 '한국의 독립운동가들'

독립기념관은 독립운동사 대중화를 위해 향후 10년간 100명의 독립운동가를 선정하여, 그들의 삶과 자취를 조명하는 열전을 기획하고 있다.

001 근대화의 선각자 – 최광옥의 삶과 위대한 유산
002 대한제국군에서 한국광복군까지 – 황학수의 독립운동
003 대륙에 남긴 꿈 – 김원봉의 항일역정과 삶
004 중도의 길을 걸은 신민족주의자 – 안재홍의 생각과 삶
005 서간도 독립군의 개척자 – 이상룡의 독립정신
006 고종 황제의 마지막 특사 – 이준의 구국운동
007 민중과 함께 한 조선의 간디 – 조만식의 민족운동
008 봉오동·청산리 전투의 영웅 – 홍범도의 독립전쟁
009 유림 의병의 선도자 – 유인석
010 시베리아 한인민족운동의 대부 – 최재형
011 기독교 민족운동의 영원한 지도자 – 이승훈
012 자유를 위해 투쟁한 아나키스트 – 이회영
013 간도 민족독립운동의 지도자 – 김약연
014 대한민국 임시정부의 민족혁명가 – 윤기섭
015 서북을 호령한 여성독립운동가 – 조신성
016 독립운동 자금의 젖줄 – 안희제
017 3·1운동의 얼 – 유관순
018 대한민국임시정부의 안살림꾼 – 정정화
019 노구를 민족제단에 바친 의열투쟁가 – 강우규
020 미 대륙의 항일무장투쟁론자 – 박용만
021 영원한 대한민국임시정부의 요인 – 김철
022 혁신유림계의 독립운동을 주도한 선각자 – 김창숙
023 시대를 앞서간 민족혁명의 선각자 – 신규식
024 대한민국을 세운 독립운동가 – 이승만
025 한국광복군 총사령 – 지청천
026 독립협회를 창설한 개화·개혁의 선구자 – 서재필
027 만주 항일무장투쟁의 신화 – 김좌진
028 일왕을 겨눈 독립투사 – 이봉창
029 만주지역 통합운동의 주역 – 김동삼
030 소년운동을 민족운동으로 승화시킨 – 방정환
031 의열투쟁의 선구자 – 전명운
032 대종교와 대한민국임시정부 – 조완구
033 재미한인 독립운동의 표상 – 김호
034 천도교에서 민족지도자의 길을 간 – 손병희
035 계몽운동에서 무장투쟁까지의 선도자 – 양기탁
036 무궁화 사랑으로 삼천리를 수놓은 – 남궁억
037 대한 선비의 표상 – 최익현
038 희고 흰 저 천 길 물 속에 – 김도현
039 불멸의 민족혼 되살려 낸 역사가 – 박은식
040 독립과 민족해방의 철학사상가 – 김중건
041 실천적인 민족주의 역사가 – 장도빈
042 잊혀진 미주 한인사회의 대들보 – 이대위
043 독립군을 기르고 광복군을 조직한 군사전문가 – 조성환
044 우리말·우리역사 보급의 거목 – 이윤재
045 의열단·민족혁명당·조선의용대의 영혼 – 윤세주
046 한국의 독립운동을 도운 영국 언론인 – 배설
047 자유의 불꽃을 목숨으로 피운 – 윤봉길
048 한국 항일여성운동계의 대모 – 김마리아
049 극일에서 분단을 넘은 박애주의자 – 박열
050 영원한 자유인을 추구한 민족해방운동가 – 신채호
051 독립전쟁론의 선구자 광복회 총사령 – 박상진
052 민족의 독립과 통합에 바친 삶 – 김규식
053 '조선심'을 주창한 민족사학자 – 문일평
054 겨레의 시민사회운동가 – 이상재
055 한글에 빛을 밝힌 어문민족주의자 – 주시경
056 대한제국의 마지막 숨결 – 민영환
057 좌우의 벽을 뛰어넘은 독립운동가 – 신익희